아! 그렇구나

우리 역사

1

원시 시대

* * *

이 책에 관해 궁금한 점이 생기면 송호정 선생님께 이메일로 문의하세요.

이메일 주소 : hjsong@knue.ac.kr

* * *

아! 그렇구나
우리 역사

❶ 원시 시대

2002년 11월 11일 1판 1쇄 펴냄
2005년 7월 15일 개정판 1쇄 펴냄
2021년 3월 15일 개정판 6쇄 펴냄

글쓴이 · 송호정
그린이 · 김은정
펴낸이 · 조영준

기획 · 조영준 | 책임 편집 · 최영옥 | 디자인 · 홍수진

펴낸곳 · 여유당출판사 | 출판등록 · 2004-000312
주소 · 서울시 마포구 동교로 27길 53, 201호
전화 · 02-326-2345 | 팩스 · 02-6280-4563
전자우편 · yybooks@hanmail.net
블로그 · http://blog.naver.com/yeoyoubooks

ISBN 89-955552-1-1 44910
ISBN 89-955552-0-3 (전15권)

KC 품명 도서 | 제조자명 여유당출판사 | 제조국명 대한민국 | 사용연령 12세 이상 | 제조년월 2021년 3월
KC 마크는 이 제품이 공통안전기준에 적합하였음을 의미합니다.
책 모서리가 날카로우니 다치치 않게 주의하세요.

아! 그렇구나

우리 역사

① 원시 시대

글 · 송호정 | 그림 · 김은정

여유당

아! 그렇구나 우리 역사 개정판을 펴내며

많은 사람들의 관심과 함께 시작한 《아! 그렇구나 우리 역사》는 이 일 저 일 어려운 과정을 거친 끝에 여유당출판사에서 첫 권부터 모두 출간하게 되었습니다. 이 시리즈를 손수 준비하고 책을 펴낸 기획 편집자 입장에서 완간 자체가 만만치 않다는 사실을 몰랐던 바 아니지만, 대대로 이어 온 우리 역사가 수없이 많은 가시밭길을 걸어온 것처럼 한 권 한 권 책을 낼 때마다 극심한 긴장과 고비를 피할 수는 없었습니다. 이 시리즈의 출간 준비에서부터 5권 신라·가야 편이 세상에 나오기까지 4년이 걸렸고, 이후 1년 반이 지나서야 6권, 7권, 8권이 뒤를 이었습니다. 그리고 이제 1~5권까지 고래실에서 여유당출판사로 판권을 옮겨 개정판을 펴내게 되었습니다. 개정판에서는 편집 체제를 부분 부분 바꾸고 부족했던 내용을 보충하면서 읽기에 더욱 편안한 문장으로 다듬었습니다. 독자들과의 약속대로라면 완간해야 할 시점인데, 이제야 절반에 다다랐으니 아직도 그만큼의 어려움이 남은 셈입니다. 먼저 독자들에게 미안한 일이고, 가능한 한 빨리 완간을 하는 게 그나마 미안함을 덜 수 있는 최선이라고 생각합니다.

여유당 출판사에서는 이 시리즈를 처음 계획했던 총 17권을 15권으로 다시 조정했습니다. 11권 조선 시대 이후 근현대사가 다소 많은 비중을 차지한다는 집필진들의 생각에 따라, 12권 개항기와 13권 대한제국기를 한 권으로 줄였고, 마찬가지로 14, 15권 일제 강점기를 한 권으로 모았습니다. 물론 집필진은 이전과 같습니다.

1권 원시 시대를 출간할 때만 해도 어린이·청소년층에 맞는 역사 관련 책을 찾기가 쉽지 않더니 지금은 몇몇 출판사에서 이미 출간했거나 장르별, 연령별로 준비하는 실정입니다. 이런 상황에서 《아! 그렇구나 우리 역사》 시리즈가 독자들뿐만 아니라 다양한 계층의 관계자들에게 소중한 자료로 자리매김했다는 사실에 필자들이나 기획자로서 보람을 느낍니다. 어린이·청소년 출판이 가야 할 길이 아직 멀고 멀지만 번역서나 창작 동화를 앞다투어 쏟아 내던 이전의 풍경에 비하면 아주 반가운 현상이라 하겠습니다.

더불어 2004년은 중국의 동북 공정 문제로 우리 역사를 진지하게 바라볼 수 있는 한 해가 되었습니다. 우리 역사를 어설프게 이해하고 우리 역사에 당당한 자신감을 갖지 못할 때 고구려 역사도 발해 역사도, 그리고 동해 끝 섬 독도까지도 중국과 일본의 틈바구니에서 부대낄 것은 뻔한 사실입니다. 특히 21세기를 이끌어 갈 10대 청소년들의 올바른 역사 인식은 민족의 운명을 가늠하는 발판임이 분명합니다.

학창 시절 대다수에게 그저 사건과 연대, 그리고 해당 시대의 영웅을 잘 외우면 그뿐이었던 잘못된 역사 인식을 꿈 많은 10대들에게 그대로 물려줄 수는 없습니다. 우리 역사는 한낱 조상들이 남긴 흔적이 아니라 개인에게는 자신의 가치관을 여물게 하는 귀중한 텃밭이요, 우리에게는 세계 무대에서 한국인이라는 자신감을 갖고 당당히 어깨를 겨루게 할 핏줄 같은 유산임을 잊지 말아야 합니다.

그런데 아직도 우리에게는 10대 청소년이 읽을 만한 역사책이 빈약합니다. 이제 전문가가 직접 쓴 책도 더러 눈에 띄지만 초·중학생 연령층이 쉽게 접할 수 있는 책은 여전히 많지 않습니다. 그나마 고등학생 나잇대의 청소년이 읽을 만한 역사물도 사실은 성인을 주 대상으로 만들어졌을 뿐입니다. 그만큼 내용과 문장의 난이도가 높거나 압축·생략이 많아 청소년들이 당시 역사의 과정을 제대로 이해하면서 읽어 나가기 어려운 게 현실입니다.

따라서 10대의 눈높이에 맞춰 역사를 서술하고, 역사의 의미를 제대로 이해할 수 있게 관점을 제시하며, 역사 이해의 근거로서 봐야 할 풍부한 유적·유물 자료, 상상력을 도와주는 바람직한 삽화, 게다가 청소년이 읽기에 적절한 활자 크기와 종이 질감 등을 고민한 책이 반드시 필요했습니다. 자신의 세계관과 올바른 역사관을 다질 수 있는 이 시리즈는 '전문 역사학자가 처음으로 쓴 10대 전반의 어린이·청소년을 위한 한국 통사'라는 데 의미가 크다고 하겠습니다. 이 시리즈는 이렇게 만들었습니다.

첫째, 이 책은 전문 역사학자들이 소신 있게 들려 주는 우리 조상들의 삶 이야기입니다.

원시 시대부터 해방 후 1987년 6월 항쟁까지를 15권에 아우르는 《아! 그렇구나 우리 역사》는 한 권 한 권, 해당 시대의 역사를 연구해 온 선생님이 직접 쓰셨습니다. 고구려 역사를 오래 공부한 선생님이 고구려 편을 쓰셨고, 조선의 역사를 연구하는 선생님이 조선 시대 편을 쓰셨습니다.

둘째, 초등학교 고학년과 중학생 연령층의 10대 어린이·청소년을 위해 만들었습니다.
지금까지 초등학교 저학년 어린이를 위한 위인전이나 동화 형식의 역사물은 여럿 있었고, 또 고등학생을 대상으로 펴낸 생활사, 왕조사 책도 눈에 띕니다. 하지만 위인전이나 동화 수준에서는 벗어나고, 고등학생의 독서 수준에는 아직 미치지 못하는 단계에 필요한 징검다리 책은 찾아볼 수 없었습니다. 《아! 그렇구나 우리 역사》는 초등학교 5·6학년과 중학생 연령층의 청소년에게 바로 이러한 징검다리가 될 것입니다.

셋째, 각 시대를 살았던 일반 백성의 생활을 구체적으로 생생하게 묘사했습니다.
그 동안 어린이·청소년을 위한 역사책이 대부분 영웅이나 사건 중심으로 이야기를 풀어 나갔다면, 이 시리즈는 과거 조상들의 생활에 중심을 두고 시대에 따른 정치·경제·사회·문화의 변화를 당시의 국제 정세와 함께 이해할 수 있도록 꾸몄습니다. 이 책을 읽으면서 독자 여러분은 당시 사람들의 생활 세계를 머릿속에 그려 나갈 수 있을 것입니다.

넷째, 최근 연구 성과에 따른 글쓴이의 목소리에도 힘을 주었습니다.
이미 교과서에 결론이 내려진 문제라 할지라도, 글쓴이의 견해에 따라 당시 상황의 발단과 과정에 확대경을 대고 결론을 달리 생각해 보거나 논쟁할 수 있도록 주제를 끌어냈습니다. 이는 곧 암기식 역사 교육의 틀을 깨고, 독자 한 사람 한 사람이 다양한 각도에서 역사의 비밀을 푸는 주인공이 되도록 유도하려 함입니다. 이는 역사적 사실과 인물을 통해 자신의 현재와 미래를 통합적인 시각으로 내다보게 하는 장치이며, 여기에 바로 이 시리즈를 출간하는 의도가 있습니다.

다섯째, 전문적인 내용일수록 이해하기 쉽게 풀어 쓰려고 노력했습니다.

주제마다 독자의 상상력만으로 해결되지 않는 부분은 권마다 200여 장에 이르는 유적·유물 자료 사진과 학계의 고증을 거친 그림을 통해 충분히 이해할 수 있도록 했습니다. 또한 중간중간 독자 여러분이 좀더 깊이 있게 알았으면 하는 주제는 네모 상자 안에 자세히 정리해 정보의 극대화를 꾀했습니다.

이 책을 위해 젊은 역사학자 9명이 힘을 합쳐 독자와 함께 호흡하는 한국사, 재미있는 한국사를 쓰려고 노력했습니다. 그러나 역사란 너무나 많은 것을 품고 있기에, 집필진 모두는 한국 역사를 쉽게 풀어서 새롭게 쓴다는 것 자체가 매우 어려운 일임을 절감했습니다. 더구나 청소년의 정서에 맞추어 우리 역사 전체를 꿰뚫는 책을 쓴다는 것은 박사 학위 논문을 완성하는 것 못지않게 힘든 과정이었습니다. 거기에 한 문장 한 단어마다 꼼꼼한 교열 교정을 거듭했습니다.

이 시리즈는 단순히 10대 어린이·청소년만을 위한 책이 아닙니다. 우리 역사를 소홀히 여겼던 어른이 있다면, 이 책을 함께 읽으면서 새로운 양식을 얻을 수 있으리라 생각합니다. 나아가 이 시리즈는 온 가족이 함께 읽는 데 큰 어려움이 없게 공을 들였습니다.

아직 미흡한 점이 많으나, 이 시리즈를 통해 여러분이 우리 역사를 올바로 이해하고 자신만의 세상을 더불어 열어 나가는 데 도움이 되기를 바랍니다.

2005년 7월
집필진과 편집진

| 차 례 |

《아! 그렇구나 우리 역사》 개정판을 펴내며 · 4

1 두 다리로 처음 서서 올려다본 하늘 · 13
구석기 시대의 자연과 사람

사람은 언제 사람이 되었을까 · 13
구석기 시대의 땅과 하늘 · 20
한반도에 살았던 사람들 · 30
| 연표 | 원시 시대 인류가 발달한 과정 · 18

2 야생에서 인생으로 · 43
구석기 시대 사람들의 생존

채집, 자연이 감추어 놓은 보물 찾기 · 43
사냥, 단백질을 찾아서 · 48
불, 하늘의 축복이자 재앙 · 66

3 동물 무리에서 인간 가족으로 · 69
구석기 시대 사람들의 사회

구석기 사람의 보금자리, 동굴 · 70
구석기 사람도 옷을 입었다 · 78
구석기 사람들의 사회 · 81
| 한 걸음 더 나아가기 | 언어는 언제 생겨났을까? · 88
예술은 어떻게 생겨났을까? · 94
| 이야깃거리 | 우리 땅에는 언제부터 사람이 살기 시작했을까? · 96

4 자연에서 인공의 세계로 · 101
신석기 혁명

떠돌이 생활은 끝, 정착 생활을 시작하다 · 101
　신석기 시대 우리 땅의 자연 환경 · 105
　생산, 자연에서 인공의 세계로 · 111
사냥에서 유목으로 · 128
| 한 걸음 더 나아가기 | 사람은 농사를 어떻게 짓기 시작했을까? · 126
　신석기 시대를 알리는 제주도 고산리 유물들 · 133

5 암사동 사람들 · 137
신석기 시대의 마을과 빗살 무늬 토기

물가의 안락한 보금자리 · 137
　내일을 담는 저장 용기, 질그릇을 발명하다 · 151
| 한 걸음 더 나아가기 | 질그릇은 어떻게 등장했을까? · 160
　질그릇 사용으로 사람들 생활은 어떻게 달라졌을까? · 162
　신석기 시대의 질그릇 만들기 · 164

6 신석기 사람은 어떻게 살았을까 · 169
혼례에서 장례까지

씨족 사회의 혼인 · 169
　생각보다 세련된 신석기 시대의 유행 · 174
씨족 회의를 이끄는 어른, 촌장 · 183
　네 팔찌가 좋으니 내 그릇과 바꾸자! · 185
　장례식, 죽음의 슬픔을 딛고 · 190
　신석기 사회의 운영 원리, 자연물 숭배 · 195
| 연표 | 신석기 문화가 발달한 과정 · 202
| 이야깃거리 | 한국인, 당신은 누구인가 · 204

구석기 유적 지도 · 98 신석기 유적 지도 · 99
나는 역사 탐험가 | 암사동 선사 유적지 · 210
원시 시대 이야기를 마치며 · 214
사진 제공 · 216 참고 문헌 · 217

일러두기

1. 연대를 표기할 때는 지금 우리 나라에서 공통으로 사용하는 서력 기원(서기)에 따랐다. 따라서 본문에 '서기전 1500년'이라 쓴 연대는 서력 기원 전 1500년을 의미한다. 흔히 쓰이는 '기원전'이라는 말을 피하고 '서기전'이라 한 것은, 기원전이란 말 자체가 '서력 기원 전'의 준말이기도 하거니와, 단군 기원인지 로마 건국 기원인지 예수 탄생 기원인지 분명하게 드러나지 않는 기원전보다 서기전이라는 말이 본디 의미를 더 잘 전달한다고 보기 때문이다.

2. 외국의 인명과 지명은 기본적으로 외래어 표기법을 따랐다. 다만 중국 지명인 경우, 먼저 중국어 발음에 근거하여 외래어 표기법에 따라 쓴 다음 괄호 ( ) 안에 우리 말 한자 발음과 한자를 같이 적었다. 중국어 발음을 확인하기 어려운 마을 이름은 우리 말 한자 발음으로 적었다.

3. 시대 구분과 역사 용어는 기본적으로 국사편찬위원회의 분류에 따랐으나, 역사를 서술하는 흐름에 맞춰 다른 견해를 채택한 경우도 있다. 예를 들어 국사편찬위원회에서는 구석기·신석기 시대와 청동기 시대를 아울러 역사책에 기록되기 이전의 시대라는 뜻으로 '선사 시대'라고 하나, 《아! 그렇구나 우리 역사》에서는 청동기 시대에 지배 계급과 고대 국가가 탄생, 고조선이 일어났기 때문에 2권 고조선·부여·삼한 편에 청동기 시대의 역사를 서술했다. 따라서 1권에서는 구석기 시대와 신석기 시대만 다루었고, 이에 1권의 제목도 인류 발전의 시작 단계에서 자연과 밀착해서 생활하던 시대라는 뜻으로 '원시 시대'라 붙였다.

4. 본책 본문에는 '구석기 사람들', '신석기 사람들'이라는 표현이 자주 나오는데, 이는 각각 '구석기 시대 사람들', '신석기 시대 사람들'을 줄여서 사용한 표현이다.

5. 유적·유물의 이름과 고고학 용어는 국립문화재연구소에서 펴낸 《한국고고학사전》(2002)의 표기법을 따랐다. 다만 사전의 표기와 외래어 표기법이 어긋날 경우에는 외래어 표기법을 따랐다.
   (예 : 죠몽 토기 → 조몬 토기)

6. 글쓴이의 견해가 교과서와 다르거나 역사 해석에 논쟁의 여지가 있는 경우, 역사학계의 최신 연구 성과에 근거하여 글쓴이의 관점과 해석에 따라 서술하고, 그와 다른 견해도 있음을 밝혔다.

1

두 다리로 처음 서서 올려다본 하늘
구석기 시대의 자연과 사람

사람은 언제 사람이 되었을까

이 세상에 사람이 생겨난 것은 언제쯤일까요? 지구가 태어난 것은 까마득한 50억 년 전. 그보다도 한참 늦은 450만 년 전쯤 우리 인류의 먼 조상이 살기 시작했다고 합니다. 그런데 그 조상님이 어느 날 갑자기 하늘에서 떨어지지는 않았겠지요?

사람이 살기 전에도 이 지구에는 여러 가지 식물과 동물, 미생물이 살고 있었습니다. 그러한 생물들은 몇 만 년, 몇 십만 년, 몇 백만 년 동안 대를 이어 살아오면서 원래 모습에서 조금씩 달라졌습니다. 조금씩 달라지다가, 처음과는 아예 다른 종류가 되기도 했지요.

사람도 아마 그 전에는 사람이 아닌 다른 모습이었을 것입니다. 그런데 어떤 생명체가 두 다리로 일어서면서 '인간'이라는 새로운 존재가 되었습니다. 두 다리로 서면서 앞발은 이제 앞발이 아니라 손이 되었지요. 사람의 손은 돌로 도구를 만들었습니다.

바윗돌에서 돌 조각을 떼어 내어 손에 쥐고 날카로운 부분으로 짐승의 가죽을 벗기니, 맨손으로 벗길 때보다 훨씬 쉬웠어요. 짐승의 가죽을 벗겨 옷으로 입고, 가죽 안의 고기는 먹었습니다. 좀 큼직한 돌에 나무 막대를 매어서 만든 도끼로는 팔뚝만한 나무 둥치도 쓰러뜨렸습니다. 나무를 잘라 불을 때니 밤에도 춥지 않고 따뜻했어요.

1만 년 전쯤까지 사람들은 이렇게 들판이나 바위산에서 돌멩이나, 바윗돌을 깨거나 떼어 내어 도구를 만들어 살아갔습니다. 돌로 만든 도구를 '석기'라고 하는데, 이 때에는 아직 세련되게 돌을 갈아 매끈하고 더 쓸모 있게 만들지는 못했습니다. 그래서 뒤에 올 새로운 석기의 시대, 곧 '신석기 시대'에 비해 더 오래 된 석기를 사용한 시대라는 뜻으로 '구석기 시대'라고 합니다.

그러니까 구석기 시대는 인류가 좀 거친 석기를 사용해 자연에 대처해 나간 시기입니다. 구석기 사람들이 사용한 석기를 큰 돌에서 깨거나 떼어 만들었다 해서 '뗀석기'라고 합니다. 이 때 살던 사람들은 자기네가 '구석기 시대를 산다'고는 생각하지 않았겠지요? 이 때 사람들에게는 자기네가 살던 시대가 바로 '현재', '오늘날'이었겠지요. 구석기 시대란 오늘날 역사를 연구하는 사람들이 당시를 가리켜 붙인 이름입니다.

1만 년 전쯤부터 사람들은 돌을 갈고 다듬어서 전보다 더 다양한 새 도구를 만들어 사용하기 시작합니다. 신석기 시대가 시작된 것이지요. 지역에 따라서는 구석기 시대와 신석기 시대 사이의 '중석기 시대'라는 것도 있었지요.

이 넓은 지구에서 사람들은 한 곳에 뭉쳐 살지 않고 이곳 저곳에 흩어져 살았습니다. 그러니까 이곳 저곳에서 조금씩 다르게 살았고, 또 사람들의 생김새도 서로 달랐지요. 주위 환경에 따라 사람도 달라지니까요. 과일 나무가 풍성한 너른 들판에서 토끼와 같은 작은 짐승의 고기를 잡아먹는 사람들이 있는가 하면, 험준한 산이 많은 땅에서 노루처럼 날쌘 짐승을 잡아먹고 호랑이처럼 용맹한 짐승과 맞서는 사람들도 있었습니다.

그래서 구석기 시대보다는 발전했지만 완전히 신석기 시대에 접어들었다고 할 수 없는 시대를 산 사람들도 있었는데, 그들이 살았던 시대를 중석기 시대라고 합니다.

구석기 시대 사람들

1856년, 독일에 있는 네안데르탈이란 골짜기에서 구석기 시대에 살았던 사람의 뼈가 발견되었습니다. 그 뒤 프랑스의 크로마뇽에서도, 중국의 베이징(北京 : 북경)에서도 사람의 뼈가 발견되었는데, 연구 결과 구석기 시대에 살았던 사람의 뼈로 밝혀졌습니다. 이들을 가리켜 각각 발견된 곳의 지명을 따서 네안데르탈 인, 크로마뇽 인, 베이징 원인(原人 : 돌로 석기를 제작한 단계의 사람을 가리킴, 호모 에렉투스(곧선 사람) 단계)이라고 이름을 붙였습니다.

베이징 원인보다 네안데르탈 인이, 네안데르탈 인보다 크로마뇽 인이 더 나중 시대에 살았던 것으로 보이고, 크로마뇽 인은 현재의 우리(현생 인류)와 같은 인간으로 보고 있습니다.

원숭이에서 호모 사피엔스 사피엔스까지

베이징 원인, 네안데르탈 인, 크로마뇽 인이 발견된 뒤 고고학자들은 여러 곳에서 옛 사람들의 뼈를 발견했습니다. 그 동안 발견된 옛 사람들의 뼈(유골)와 그들이 남긴 물건(유물)을 나누어 보면 인류의 생김새와 생활이 대체로 어떻게 변해서 현재 모습에 이르렀는지 추측할 수 있습니다.

최근 아프리카의 에티오피아 지역에서 발견된 인류 조상의 유골은 기원이 약 500만 년 전까지 올라갑니다. 그보다 더 오래 된 700만 년 전의 유골을 발견했다는 학자도 있지만, 이 유골이 분명히 인류의 조상인지는 좀더 연구해 보아야 할 것 같습니다.

거의 원숭이와 같았던 이전의 조상에 비해 분명히 다른 형상을 보이는 뼈는 아프리카에서 약 450만 년 전에 살았던 것으로 보이는 오스트랄로피테쿠스의 것입니다. 그러나 오스트랄로피테쿠스도 지금의 사람보다는 고릴라, 침팬지 같은 유인원에 더 가까운 상태였습니다. 이 이름도 라틴 어로 '남쪽의 원숭이'란 뜻이지요.

라틴 어는 옛날 로마 사람들이 쓰던 말과 글인데, 지금도 인류학, 의학, 식물학, 동물학과 같은 분야에서 세계 공통으로 쓰는 학문 용어를 지을 때는 라틴 어를 씁니다. 그리고 그보다 나중에, 그러니까

오스트랄로피테쿠스
Australopithecus

현재까지 발견된 오스트랄로피테쿠스 가운데 가장 오래 된 것은 케냐와 에티오피아 접경에 있는 터카나 호수의 서쪽 기슭인 로타감 지방에서 발견되었는데, 그 나이는 550~500만 년 정도로 추정된다. 오스트랄로피테쿠스는 여러 종이 있는데, 대략 오스트랄로피테쿠스 아파렌시스, 오스트랄로피테쿠스 아프리카누스, 오스트랄로피테쿠스 로부스투스 세 가지로 분류할 수 있다. 오스트랄로피테쿠스 아파렌시스는 일찍(450만 년 전) 나타나 일찍 사라졌지만, 아프리카누스와 로부스투스는 늦게까지 존재했다. 아프리카누스는 대개 250만 년 전에, 로부스투스는 약 200만 년 전에 등장했고, 둘 다 130~120만 년 전 무렵까지 아프리카에서 호모 에렉투스와 공존했다.

대략 200만 년 전에 살았던 것으로 보이며, 생김새가 훨씬 인간다운 이들의 뼈가 역시 아프리카에서 발견되었습니다. 이들에게는 라틴 어로 호모 하빌리스(Homo habilis : 손쓴 사람)라는 이름이 붙었습니다. 이 사람들은 오스트랄로피테쿠스보다 손을 더 잘 쓴 듯합니다.

이 때까지 인류는 따뜻한 아프리카에서만 살았던 모양입니다. 다른 곳에서는 이렇게 오래 된 인류의 화석이 발견되지 않았거든요. 그런데 160만 년 전쯤, 그러니까 손쓴 사람보다 나중에 살았던 호모 에렉투스(Homo erectus : 곧선 사람)의 유골과 유물은 아프리카뿐 아니라 아시아와 유럽에서도 발견되었습니다. 앞에서 이야기한 베이징 원인도 호모 에렉투스의 한 종류입니다. 이들은 허리와 다리를 구부정하게 굽히고 다닌 그 전 시대의 인류보다 더 곧바로 서서 걸어다녔고, 불도 피울 줄 알았습니다.

약 40만 년 전에 드디어 현생 인류의 조상이라고 할 수 있는 호모 사피엔스(Homo sapiens : 슬기 사람, 고인)가 나타났습니다. 앞에서 이야기한 네안데르탈 인이 바로 호모 사피엔스의 한 갈래입니다. 적어도 10만 년 전부터 사람들은 지금처럼 말로 자기 생각과 느낌을 표현하고, 서로 의논도 하고 싸움도 했답니다. 머리 속에 있는 뇌의 크기도 전보다 매우 커졌지요.

또 현재의 인류를 호모 사피엔스 사피엔스(Homo sapiens sapiens : 슬기 슬기 사람)라고 하는데, 호모 사피엔스 사피엔스의 맨 처음 모습이 약 4만 년 전에 살았던 크로마뇽 인과 같을 거라고 합니다.

사람은 언제 사람이 되었을까
— 원시 시대 인류가 발달한 과정

한국사				한반도에서 구석기 시대 시작하다.	
	450만 년 전	**200만 년 전**	**160만 년 전**	**50만 년 전**	**40만 년 전**
	오스트랄로피테쿠스 등장 (아파렌시스)	호모 하빌리스 (손쓴 사람) 등장	호모 에렉투스 (곧선 사람) 등장		호모 사피엔스 (슬기 사람) 등장
세계사	인류, 아프리카에서 허리를 펴고 두 다리로 일어서다. 250만 년 전, 오스트랄로피테쿠스 아프리카누스 등장.	돌로 도구를 만들어 사용하다.	두뇌가 커지다. 70만 년 전의 베이징 원인, 불을 사용하다.		언어를 사용하기 시작하다.

역포 아이

승리산 사람
4~3만 년 전
평남 덕천 승리산 동굴

만달 사람
4~3만 년 전
평양 부근 만달리

평안 남도 덕천시,
평양시 역포 구역에서
사람이 살다.

5~3만 년 전, 충청 북도 단양군 상시리 동굴에
서 발견된 사람뼈 화석의 주인공 살다.

기후 조건, 자연 환경이
현재와 비슷해지다.

10만 년 전	4만 년 전	1만 년 전
네안데르탈 인 등장	호모 사피엔스 사피엔스 (슬기 슬기 사람, 현생 인류) 등장	신석기 시대 시작

호모 사피엔스의 한 갈래.
네안데르탈 인은 이(치아)
가 단단해서 석기를 만들
때 이로 깨물어 돌을 깼다
고 한다.

바위에 그림을 새기다(예술가 탄생).

구석기 시대의 땅과 하늘

구석기 시대는 현재 시점에서 보면 아주 먼 옛날이기 때문에 그 때의 자연 환경이나 사람들의 생활 모습을 잘 알기 어렵습니다.

먼저 지구의 땅덩어리가 어떤 상태였는지를 측정하는 기계의 도움을 얻어 당시 상황을 알아보아야 합니다. 연구 결과 구석기 시대

지구상에 생물이 나타난 시대

5억 7000만 년 전		
고생대 (제1기)	전기	캄브리아기
		오르도비스기
		실루리아기
	후기	데본기
		석탄기
		페름기
2억 2500만 년 전		
중생대 (제2기)		트라이아스기
		쥐라기
		백악기
6500만 년 전		
신생대	제3기	팔레오세
		에오세
		올리고세
		마이오세
		플라이오세
	250~160만 년 전	
	제4기	홍적세
	1만 년 전	
		충적세

는 신생대 제4기 홍적세와 거의 일치합니다. 여기서 신생대는 공룡이 지구의 주인이던 중생대 다음 시대입니다. 중생대 전의 시대는 삼엽충 같은, 지금은 사라진 옛 생물이 살던 고생대라고 합니다.

고생대를 제1기, 중생대를 제2기라고 하고, 신생대는 크게 두 시기로 나누어 앞 시기를 제3기, 그 뒤를 제4기라 합니다. 제4기도 두 시기로 나뉘는데, 먼저 홍적세가 있었고 그 다음부터 현재까지를 충적세라고 합니다. 그런데 홍적세 때부터 인류가 발전하기 시작한 것입니다.

● 한반도에서 삼엽충 화석이 발견된 곳
단양, 문경, 영월, 삼척, 태백
삼엽충 화석은 우리 산천 곳곳에서 발견되지만 주로 강원도 지역에서 많이 나온다. 삼엽충은 바다에서 사는 생물이었으니, 고생대에는 강원도 지역이 바다였음을 알 수 있다.

● 한반도에서 공룡 화석이 발견된 곳
화성, 고성, 마산, 울주, 의성, 하동, 해남, 화순, 황해 북도 평산
공룡 화석은 현재 발견된 곳만 40여 곳이 넘는다. 경상도 지역과 남해안에서 집중 발견된다. 이들 화석의 주인공은 대개 백악기에 살았던 공룡이라고 한다.

빙하 시대에는 시베리아와 북아메리카 사이의
바다인 베링 해협도 걸어서 건너갈 수 있었다.

빙하기

인류의 진화를 다루는 많은 책에는 흔히 홍적세에 빙하기가 네 차례 있었고 (귄츠·민델·리스·뷔름 빙하기), 그 사이에 간빙기를 거쳤다고 나온다. 이러한 빙하기의 개념은 본디 19세기 말 펭크라는 독일 지질학자가 제시한 것으로서 '알프스 표준 층위'라는 것에 근거한다. 그러나 깊은 바다 속의 미세한 해양 생물 화석을 연구한 결과, 지난 70만 년 동안에만 적어도 열세 차례나 기후의 변화 현상이 일어났음을 알게 되었다. 그러니까 그 사이에 빙하기와 간빙기가 열세 번 뒤바뀌었다는 뜻이다. 그 동안에 네 차례 정도 빙하기와 간빙기가 있었다는 주장이 잘못되었던 것이다.

홍적세는 빙하 시대

홍적세는 이 때에 홍수가 많았기 때문에 붙은 이름입니다. 또 홍적세는 흔히 빙하 시대라고도 합니다. 왜냐 하면 이 시기에 지구 전체가 냉동 상태였던 빙하기가 여러 차례 있었고, 그 사이 사이에 얼음이 녹는 간빙기를 거쳤기 때문입니다.

빙하기가 오면 지구의 물(수분)이 상당히 많이 얼음으로 변해 북극과 남극 지방을 중심으로 얼음이 쌓이게 됩니다. 아주 따뜻한 지방이 아닌 곳에서는 바닷물도 얼어 버려 바닷물 양이 많이 줄어들어

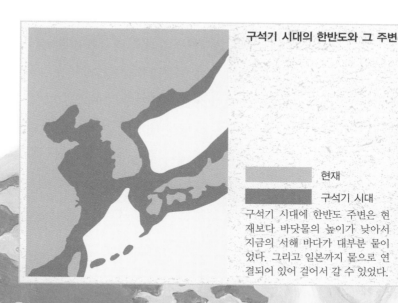

구석기 시대의 한반도와 그 주변

현재

구석기 시대

구석기 시대에 한반도 주변은 현재보다 바닷물의 높이가 낮아서 지금의 서해 바다가 대부분 뭍이었다. 그리고 일본까지 뭍으로 연결되어 있어 걸어서 갈 수 있었다.

서, 바닷물의 표면 높이가 현재보다 낮아집니다. 옛날 빙하기에는 현재보다 수백 미터 정도 낮았다고 합니다.

지금은 해저 탐험을 통해서만 볼 수 있는 바다 세계가 육지로 드러났다니 얼마나 새로운 세계가 펼쳐졌을지 상상해 보세요. 오늘날보다 바다 수면이 낮았다면 지금 우리가 사는 곳은 어떤 모습이었을까요?

지금과 그 때가 다른 점은 여러 가지가 있겠지만, 가장 커다란 차이는 지구상의 대륙이 서로 육지로 연결되어 있었다는 점입니다. 현재 바다는 지구 겉 면적의 3/4인데, 빙하기에는 반대로 육지가 바다보다 더 많은 부분을 차지했다는 이야기가 됩니다.

이 당시에는 아시아의 북쪽 끝 부분인 시베리아와 북아메리카 땅 사이에 있는 베링 해협도 육지로 연결되어 있었습니다. 그래서 아시아 동북 지역에서 살던 몽골 인종이 북아메리카로 걸어서 건너갔지요. 한반도 근방에서는 서해(황해)가 육지였기 때문에 중국과 연결됐고, 일본까지도 배를 타지 않고 걸어서 갈 수 있었습니다.

홍수가 난 지역도 많았다

빙하는 지구 전체를 뒤덮지는 않았습니다. 북극이나 남극이 아닌 적도 쪽에 더 가까운 지역에서는 빙하가 없었습니다. 이런 곳에는 대신 비가 엄청나게 쏟아져 지구 곳곳에 거대한 홍수가 나기도 했습니다. 《구약 성서》의 〈창세기〉에 나오는 노아의 방주 이야기는, 아마 이 때의 홍수 사태가 구석기 사람들의 기억 속에 남았다가 입에서 입으로 전해져, 나중에 글자가 발명된 뒤 기록된 것인지도 모릅니다.

고대 그리스 신화에 물을 주관하는 신 포세이돈이 나오고, 중국 고대 신화에서도 물의 신 하백이 나옵니다. 그리고 우리 고대 신화에서는 고구려를 세운 주몽의 어머니가 물의 신 하백의 딸이라고 합니다.

과연 물의 신 하백은 홍적세의 홍수 사태와 아무런 상관 없이 신화에 등장했을까요? 현재의 과학으로는 증명하기 어렵지만 그 가능성을 한번 생각해 볼 수 있겠지요.

한반도의 빙하 시대

여러 학자들이 조사를 벌인 결과 구석기 시대 처음에는 빙하가 지금의 백두산 일대까지 내려왔다고 합니다. 함경 북도 동관진에서 아주추운 지방에서나 사는 동물인 털코끼리(매머드) 뼈가 발견된 것이 이를 말해 줍니다. 당시 한반도의 기후는 꽤 추운 편이라, 한반도 땅은 젓나무(전나무), 소나무와 같이 추운 곳에서 자라는 침엽수의 숲으로 덮여 있었습니다.

그러다가 언 땅이 녹는 간빙기가 오면 날씨가 따뜻해져 지구 전체의 얼음이 녹아 바다로 흘러들었습니다. 자연히 낮아졌던 바다 표면이 수백 미터나 높아지고, 한반도는 중부 지방까지 따뜻하고 습기 찬기후로 바뀝니다. 숲은 따뜻한 기후에서 자라는 자작나무, 참나무와 같은 활엽수로 들어차게 됩니다. 그리고 지금 우리 나라에서는 동물원에 가야 볼 수 있는 하이에나, 원숭이, 코끼리와 같은, 더운 지방에 사는 동물이 한반도 곳곳에서 살았습니다.

지구가 한 번 얼었다가 다시 녹는 데는 엄청나게 오랜 시간이 걸립니다. 구석기 시대에는 이렇게 얼고 녹기를 여러 차례 했다고 하니 그 기간이 얼마나 길었을까요? 그 동안 수백만 년에 걸쳐 지구 전체의 기후 환경도 바뀌었습니다. 그 기간은 사실상 현재까지 사람이 걸어온 역사의 대부분을 차지합니다. 인류 역사의 99퍼센트 이상을 구석기 시대가 차지한다고 할 수 있지요.

**뾰족한 침엽수의 잎(위)과
둥근 활엽수의 잎**

이 때 아프리카 지역에서 먼저 오스트랄로피테쿠스와 도구를 사용할 줄 알았던 호모 하빌리스가 등장했고, 이들이 여러 곳으로 퍼져 나가 살았습니다. 우리 땅에는 이보다 늦게 호모 사피엔스부터 살기 시작한 것으로 보입니다.

추위와 더위가 번갈아 찾아오다

한반도에 사람이 살기 시작한 것은 대체로 홍적세 후기에 해당하는 50만 년 전쯤으로 보입니다. 한반도에서 가장 오래 된 인류 유적으로 밝혀진 평양시 상원군 검은모루 동굴 유적의 연대가 약 40만~50만 년 전까지 올라가기 때문입니다. 최근 북한 학계에서는 근거도 없이 검은모루 유적이 100만 년 전의 것이라고 주장하지만 이 주장을 그대로 받아들이기는 어렵다고 하겠습니다.

지금 교과서에서는 우리 땅의 구석기 시대가 70만 년 전에 시작했다고 하는데, 그것은 중국에서 베이징 원인이 70만~60만 년 전에 살았기 때문에 이를 기준으로 추정한 것입니다. 그러나 아직 우리 땅에서 상원 검은모루 동굴보다 더 앞선 시대의 유적이 발견되지 않았기 때문에, 이 책에서는 일단 한반도의 구석기 문화가 50만 년 전쯤에 시작한 것으로 보겠습니다.

검은모루 동굴에서는 오랜 옛날 사람들이 살던 흔적이 발견되었습니다. 동굴에는 원숭이, 코끼리, 물소와 같은 짐승 뼈들이 쌓여서 돌처럼 굳은 것들이 있었지요. 이처럼 더운 지방에서 사는 짐승들이 살았으니, 그 때 이 곳이 매우 더웠다는 사실을 알 수 있습니다.

약 10만 년 전에서 5만 년 전 사이에 지구는 다시 빙하기에 들어갔다고 합니다. 한반도도 추위 때문에 숲이 줄어들었고, 많은 사람이 따뜻한 지방을 찾아 옮아 가야 했습니다.

다시 수만 년이 흘러 좀 따뜻해졌다가 1만 4000년 전부터 마지막 추위가 닥칩니다. 그리고 1만 년 전부터는 새로운 간빙기에 들어갑니다. 빙하기에 지구를 덮었던 얼음이 녹기 시작하고, 지구 전체가 따뜻해지기 시작했습니다. 이 때부터 한반도에는 네 계절의 기후 차이가 뚜렷한 온대 기후가 나타나게 됩니다.

우리 땅에 살던 구석기 사람들이 먹을 거리를 얻은 곳은 바로 이러한 빙하기와 간빙기를 거치며 형성된 숲에서였습니다. 따뜻한 어느 날, 여러분이 우거진 숲에서 먹을 것을 모아 오기로 했다고 합시다. 여러분은 아마 산딸기, 보리수 열매와 같은 단맛 나는 열매를 따 올 것입니다. 만일 여러분의 어머니나 할머니와 같이 갔다면 고사리 같은 산나물 종류나 칡뿌리, 더덕과 같은 뿌리도 캐 올 것입니다. 구석기 사람들도 우리와 크게 다르지 않았을 것입니다.

그러나 오늘날 우리 인간이 섭취하는 주요 영양소는 탄수화물과 단백질, 그리고 지방입니다. 그 중에서도 가장 기초가 되는 영양분은 탄수화물입니다. 우리가 다른 어떤 것보다도 밥을 잘 먹어야 하는 것은 밥에서 탄수화물을 얻을 수 있기 때문이지요.

구석기 사람들도 분명히 이러한 영양분이 필요했을 것입니다. 그런데 구석기 사람들은 어떤 영양소가 어떤 식물에 있다고 미리 알고 생각하면서 먹을 거리를 구하지는 않았겠지요. 다만 이것 저것 먹을 수 있는 것을 다 모으다 보니 자연스럽게 영양분을 고루 섭취했을 가능성이 높습니다. 그 과정에서 차츰 맛이 좋고 몸에 좋은 음식을 알게 되었겠지요.

오랜 옛날 우리 산천은 숲이 무성하고 갖가지 짐승이 많아서 사람이 살기에 적합했다. 구석기 시대 사람들은 산으로 들로 뛰어다니다가 주로 동남쪽이 바라다보이는 산비탈의 동굴에서 잠을 잤다. 동남쪽 방향은 햇빛을 받는 시간이 길어 따뜻하다. 동굴은 깊고 안쪽으로 구부러져서 비바람을 막을 수 있는 곳을 택했다. 동굴을 나서면 앞에 내가 흐르고 내의 양쪽 기슭에 들과 산이 잇따라 펼쳐져, 물을 마시러 오는 짐승을 잡기에 적당했다.

한반도에 살았던 사람들

덕천 사람, 역포 아이

우리 땅에 구석기 사람들이 살기 시작한 것은 약 50만 년 전으로 볼 수 있지만, 아직까지 이 시기의 사람 뼈는 발견되지 않아서 구체적인 모습을 알 수 없습니다.

지금까지 발견된 것 중 한반도에서 가장 오래 된 사람 뼈는 평안남도 덕천시와 평양시 역포 구역 대현동의 구석기 유적에서 나왔습니다. 덕천 승리산 동굴에서는 사람의 어금니와 어깨뼈가, 역포에서는 머리뼈가 나왔습니다.

덕천에서 발견된 뼈와 어금니의 주인공은 '덕천 사람'이라 하고, 역포에서 발견된 뼈의 주인공은 '역포 아이'라고 합니다. 이들 뼈의

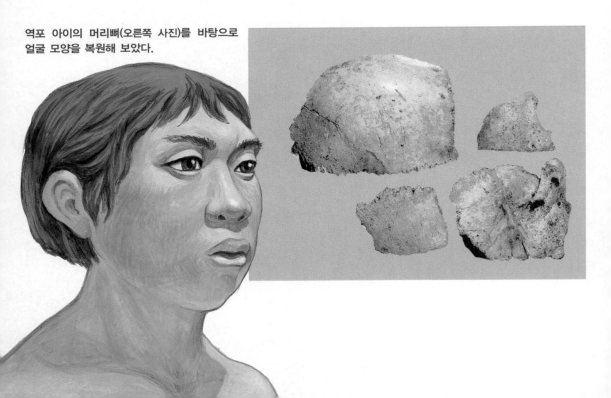

역포 아이의 머리뼈(오른쪽 사진)를 바탕으로 얼굴 모양을 복원해 보았다.

특징을 보면 호모 사피엔스(슬기 사람) 계통으로 볼 수 있습니다. 역포 아이는 겨우 열세 살 정도 된 어린 여자 아이로 판명되었지요.

덕천 사람이나 역포 아이는 대략 10만 년 전에 살았던 우리 땅의 네안데르탈 인이라 할 수 있습니다.

왼쪽 위턱 두 번째 큰 어금니		오른쪽 아래턱 첫 번째 큰 어금니	
윗면	옆면	윗면	옆면

덕천 사람의 어금니

덕천 승리산 유적

승리산 사람, 만달 사람

현대 인류와 같은 종류에 속하는 호모 사피엔스 사피엔스의 뼈는 우리 땅 여러 곳에서 발견되었습니다.

　덕천 사람의 뼈가 발굴된 평남 덕천 승리산 동굴 유적에서는 덕천 사람이 묻혀 있었던 곳보다 조금 위쪽에서 다른 사람의 아래턱뼈가 나왔고, 평양 승호 구역의 만달리 동굴 유적에서도 역시 사람의 머리뼈와 아래턱뼈가 발굴되었습니다. 이들을 각각 '승리산 사람'과 '만달 사람'이라고 하는데, 우리 땅의 크로마뇽 인이라 할 수 있습니다. 북한에서는 '신인'이라고 합니다.

　지금부터 5만 년 전쯤 승리산 사람과 비슷한 시기에 살았던 것으로 보이는 사람의 뼈가 평양시 상원군 용곡리 동굴과 충청 북도 단양의 상시리 바위 그늘 유적에서도 발견되었습니다.

　북한의 고고학자들은 승리산 사람과 만달 사람이 우리 겨레의 직접적인 조상이라고 주장하지만, 아직 분명히 밝혀진 사실은 아닙니다. 왜냐 하면 승리산 사람의 머리 형태와 현대 한국인의 머리 형태가 많이 다르기 때문입니다.

　위에서 머리를 내려다보면, 우리 겨레 중 많은 사람의 머리 형태는 좌우가 넓적하고 앞뒤 길이가 짧은 편입니다. 앞뒤 길이(33쪽의 그림 '머리의 크기와 길이를 재는 법'의 2)를 100이라 하면 좌우 너비('머리의 크기와 길이를 재는 법'의 1)는 80을 넘어서는데, 이런 머리 형태를 짧은 머리(단두:短頭)라고 하지요. 앞뒤 길이에 대한 좌우 너비의 비율이 75보다 낮은 경우를 긴 머리(장두:長頭)라

덕천 승리산 동굴에서 발견된 사람의 아래턱뼈를 가지고 승리산 사람의 얼굴을 복원했다.

정면	옆면	뒷면

승리산 사람의 아래턱뼈

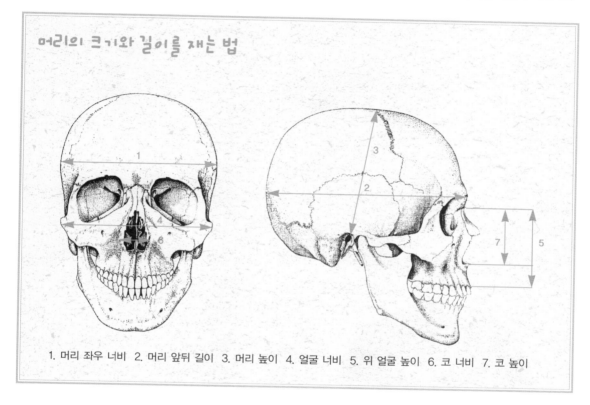

머리의 크기와 길이를 재는 법

1. 머리 좌우 너비 2. 머리 앞뒤 길이 3. 머리 높이 4. 얼굴 너비 5. 위 얼굴 높이 6. 코 너비 7. 코 높이

고 하는데, 아프리카나 유럽 사람의 머리 형태가 그렇답니다.

또 앞뒤 길이를 100이라 할 때, 귀에서 정수리까지 재는 머리 높이('머리의 크기와 길이를 재는 법'의 3)가 80을 넘어서면 높은 머리(고두:高頭)입니다. 우리 겨레는 대개 높은 머리이지요.

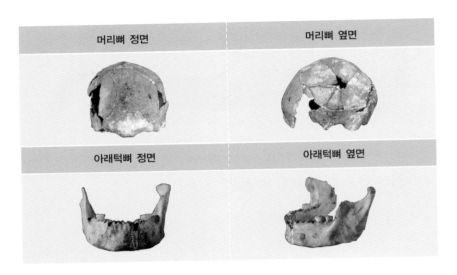

머리뼈 정면	머리뼈 옆면

아래턱뼈 정면	아래턱뼈 옆면

만달 사람의 뼈

만달리 동굴에서 발견된 사람의 머리뼈와 아래턱뼈를 가지고 만달 사람의 얼굴 모습을 복원했다.

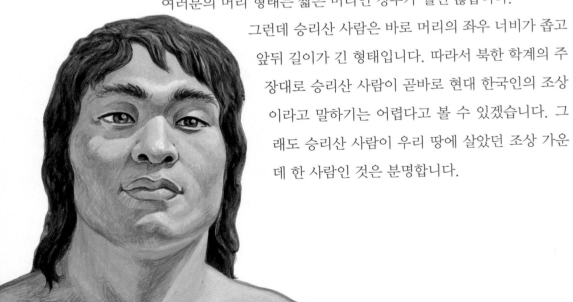

요즘에는 서양식 음식을 많이 먹는데다, 태어나자마자 부모님이 엎어 키우거나 옆으로 뉘어 키워서 머리 앞뒤 길이가 긴 사람이 많아졌습니다. 이것은 최근에 서양의 생활 습관이 퍼지면서 체질과 체형이 많이 달라져서 나타난 현상이고, 아직까지 여러분의 부모님과 여러분의 머리 형태는 짧은 머리인 경우가 훨씬 많습니다.

그런데 승리산 사람은 바로 머리의 좌우 너비가 좁고 앞뒤 길이가 긴 형태입니다. 따라서 북한 학계의 주장대로 승리산 사람이 곧바로 현대 한국인의 조상이라고 말하기는 어렵다고 볼 수 있겠습니다. 그래도 승리산 사람이 우리 땅에 살았던 조상 가운데 한 사람인 것은 분명합니다.

세계를 놀라게 한 전곡리 구석기 유적

구석기 시대 사람들이 남긴 흔적은 우리 나라의 여러 지역에서 발굴되고 있습니다. 그 가운데 10만 년도 더 전에 사람들이 살았던 때의 구석기 유적이 있습니다. 10만 년보다 더 오래 된 구석기 문화를 전기 구석기 문화라고 하는데, 우리의 전기 구석기 문화 유적 가운데 경기도 연천군 전곡리에서는 주먹도끼가 발견되어 더욱 관심을 끌었습니다.

평양시 승호 구역 화천동 유적의 불 피운 자리

원숭이 머리뼈

말 아래턱뼈

멧돼지 아래송곳니

평양시 상원 검은모루 동굴에서 나온 동물 뼈

그런데 이들 장소에서 그 옛날에 사람이 살았던 것을 어떻게 아느냐고요? 이런 곳의 흙 속에는 그냥 길거리에 굴러다니는 돌멩이와는 다른, 그 때 사람들이 깎고 부수어 석기로 사용했음이 틀림없어 보이는 돌멩이들이 묻혀 있습니다. 이렇게 흙 속에서 유물이 나오는 것을 '출토되었다'고 합니다. 이런 장소에는 그 때 사람들이 먹은 동물의 뼈 화석이 남아 있기도 하지요. 그리고 어떤 곳에서는 잔 돌멩이를 둥그렇게 둘러서 불 피울 자리를 마련한 흔적이라든가, 불을 피운 자리의 검게 탄 흙이 보이기도 합니다.

전곡리 일대의 땅을 파고 들어가면 오래 전에 화산이 분출하고 식어서 쌓인 현무암이 나타납니다. 이 현무암을 생성시킨 화산이 분출한 시기는 50~30만 년 전쯤이므로 전곡리에 사람이 살았던 시기는 20~30만 년 전으로 보는 견해가 많은 지지를 얻고 있습니다.

경기도 연천군의 한탄강 일대는 우리 나라에서 가장 대표적인 구석기 유적지입니다. 특히 전곡리에서는 그 동안 유럽과 아프리카 지역에서만 나오는 것으로 알았던 주먹도끼가 아시아에서 처음으

여러 가지 주먹도끼(전곡리 출토)와 긁개로 짐승의 가죽 벗기기

로 발굴되어 세계 고고학 역사를 바꾸는 계기가 되었
습니다.

주먹도끼는 사람이 주먹에 쥐고 사용하기 편리한 도
구라고 해서 붙인 이름입니다. 영어로 손 도끼(hand
axe)를 우리말로 번역한 것이지요. 손바닥만한 돌멩이
에 손으로 쥐는 부분은 좀 움푹하게 깨어 내고 그 반대편은
양날을 세워, 사냥할 때나 나뭇가지를 가를 때 여러모로 쓸모 있던
뗀석기라고 할 수 있습니다.

날이 한쪽뿐인 외날찍개로
나무를 다듬는 모습.

구석기를 연구하던 초창기에는 주먹도끼가 아프리카와 유럽 땅에
서만 나와서, 학자들은 인류의 조상이 아프리카와 유럽 지역을 중심
으로 문화를 발전시켜 온 것으로 알았습니다. 대신 중국이나 한반
도, 일본에서는 좀 뒤처져서, 돌덩이를 내리쳐서 만든 외날찍개만
사용했다고 보았지요.

그런데 전곡리에서 주먹도끼가 나오자 세계의 많은 사람들이 깜
짝 놀랐습니다. 그 때까지 전기 구석기 문화를 아프리카와 유럽의
주먹도끼 문화권과 인도 동쪽의 찍개 문화권으로 나누어 설명하던
통설이 뒤집혔고, 세계의 구석기 문화와 동아시아 구석기 연구를 새
로운 눈으로 바라보게 되었습니다.

사라진 구석기 유적, 동관진

10만 년 전부터 4만 년 전까지 시기의 문화에 해당하는 중기 구석기
유적으로 발견된 장소는 함경 북도 선봉군(예전에는 웅기군이라 했습

여러 가지 석기들
(굴포리 출토)

니다) 굴포리 유적과 강원도 양구군 상무룡리 유적, 그리고 평양 역포 대현동과 충청 북도 제천시 명오리의 유적 들이 있습니다.

이 가운데 굴포리 유적은 일제 강점에서 벗어나 해방을 맞이한 뒤 우리 겨레가 가장 먼저 조사한 구석기 유적으로, 우리 땅에서도 구석기 시대 사람들이 살았음을 명확히 확인시켜 준 중요한 유적입니다. 일제 강점기에는 일본 사람들만 우리 땅의 유적지를 조사하고 다녔는데, 그들은 우리 땅에 신석기 때부터 사람이 살았다고 했거든요. 그리고 함경 북도 온성군 동관진(지금은 강안리로 이름이 바뀌었습니다)에서 구석기 유적이 발견되었는데, 그 유적과 유물을 구석기 시대의 것으로 인정하지 않았습니다.

굴포리 유적에서는 중기 구석기 때의 유물로 돌무지, 곧 무덤을

멀리서 본 굴포리 유적
(옆)과 굴포리 유적의 막
집 자리(아래)
주변에 있는 돌들은 막집이
쓰러지지 않도록 받쳤던 것
으로 보인다.

뒤덮은 돌 무더기와 찍개 같은 석기가 나왔습니다. 이 곳에서는 꽤 오랫동안 사람이 살았는지, 앞으로 살펴볼 신석기와 청동기 시대의 질그릇 조각, 바늘통 같은 유물도 나왔어요.

제보자의 이름을 딴 흥수굴 발견

4만 년 전부터 1만 년 전까지 시기에 해당하는 후기 구석기 문화의 유적으로는 덕천 승리산 동굴과 평양 만달리 동굴, 그리고 충청 북도 청원군 두루봉 동굴과 단양 상시리 바위 그늘 유적 들이 있습니다. 그리고 1964년 처음 발굴되고 나서 모두 열두 차례에 걸쳐 발굴된 공주 석장리 유적도 있습니다. 석장리 유적에서는 사람이 살았던 흔적이 여럿 나왔지만 구체적으로 연대를 알 수 있는 것은 3~4만

흥수굴 어귀
발굴 작업을 할 때는 유적·유물의 크기와 위치를 정확히 재기 위해 1미터 간격으로 가로 세로 줄을 친다.

년 전의 것이라고 합니다.

　청원 두루봉 동굴은 동굴이 있는 곳 근처 채석장에서 석회석을 캐내다가 우연히 발견되었습니다. 두루봉이란 산에는 동굴이 여러 개 있었는데, 그 중 한 동굴에서 형태가 완전한 어린아이 뼈와 동굴곰 뼈가 나왔습니다. 석회석을 캐는 '김흥수'라는 분이 신고해서 이 유적이 마침내 세상에 알려지게 되었지요. 그래서 유적 조사단 일행은 그 제보자의 이름을 따서 동굴 이름을 '흥수굴'이라 붙였습니다. 흥수굴에서 출토한 어린아이의 뼈는 '흥수 아이'라는 이름을 얻었지요. 다만 흥수 아이는 그 뼈가 발견될 당시 아주 완벽한 모습이었고, 뼈가 발견된 토양 지층이 구석기 시대에 해당하는 지층이 아닐 수 있다는 주장도 나와 쉽게 구석기 사람으로 말하기 어려운 점이 있답니다.

제주도에 살았던 구석기 시대 사람들

2003년 10월, 한국교원대학교 김정률 교수를 대표로 하는 탐사 팀은 제주도 남제주군 대정읍 상모리와 안덕면 사계리 바닷가를 조사하던 중 놀라움과 흥분에 휩싸였습니다. 5만 년 전 시기의 인류 발자국 화석 100여 점을 비롯해 동물 발자국 화석 수천 점과 동식물 화석을 발견했기 때문이었지요. 이것은 아시아에서는 처음 확인된 구석기 시대의 사람 발자국 화석입니다. 세계에서는 탄자니아, 케냐, 남아프리카공화국, 이탈리아, 프랑스, 칠레에 이어 일곱 번째에 해당하지요.

　발자국 화석이 발견된 땅은 길이 500미터, 폭 150미터의 바닷가

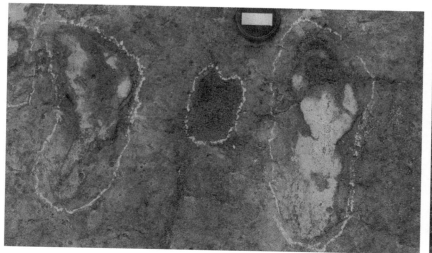

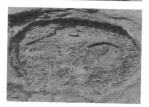

사람 발자국과 함께 발견된 말 발자국(바로 위)
남제주군 대정읍과 안덕면 바닷가에서 발견된 구석기 인류의 발자국(맨 위 왼쪽)
목련잎으로 추정되는 식물 화석(맨 위 오른쪽)

낮은 곳에 있습니다. 학자들은 화석의 연대를 알아보기 위해 그 땅의 위치를 자세히 살펴보고 5만 년 전에 살았던 현생 인류의 조상인 호모 사피엔스의 발자국임을 알아냈습니다. 어떤 유물이 어느 시대의 것인지를 알려면 맨 먼저 유물이 어떤 층에서 나왔는지를 알아야 합니다.

드러난 사람 발자국 화석은 폭이 21~25센티미터로 보통 사람의 발뒤꿈치와 중간의 곡선(아치) 모양, 앞꿈치 등의 흔적이 뚜렷이 남아 있었습니다. 5만 년 전 구석기 사람들은 이러한 발을 교통 수단 삼아 뭍으로 연결돼 있던 서해에서 일본 열도 지역을 이동하며 살았겠지요. 그리고 이들 가운데 몇몇은 1970년대 초에 발굴된 북제주군 빌레못 동굴에서도 살았을 것으로 보입니다.

사람 발자국 부근에서는 식물 잎사귀나 동물 발자국 화석이 무더기로 드러났습니다. 동물들은 말(20여 점), 코끼리(추정 20점), 사슴

(1000여 점), 새(200여 점)의 것으로 추정됩니다. 동물 발자국 가운데 동그란 말 발자국(폭 7~9센티미터)은 미국과 탄자니아 지역에서만 발견된 것입니다. 그런데 제주도에서 발견됨으로써 제주도 말이 몽골 말에서 온 것이 아니라 제주도에서 오래 전부터 살았던 말임을 알게 해 주었답니다.

2

야생에서 인생으로
구석기 시대 사람들의 생존

채집, 자연이 감추어 놓은 보물 찾기

사람은 자연과 동떨어진 존재가 아니라, 바로 자연의 일부분입니다. 인류는 자연 속에서 주변 환경을 이용하면서 살아왔습니다.

　강을 끼고 들판이 넓게 펼쳐지며 군데군데 야산이 솟은 곳에서는 가파른 바위산이나 모래 벌판보다 훨씬 다양하고 풍부한 식물과 동물이 살게 마련입니다. 인류는 주변 환경에서 먹을 것과 입을 것, 그밖에 다른 필요한 것을 얻을 수밖에 없기 때문에, 아주 오래 전부터 자기들이 머무르는 곳 어디 어디에 어떤 생물이 사는지 잘 알았을 것입니다.

자연과 더불어 살아간 구석기 시대 사람들은 먹을 거리를 그 속에서 얻어야 했습니다. 그 가운데 가장 편한 방법은 자연이 준 선물을 그대로 주워 먹는 채집이었습니다. 동물을 사냥해 맛 좋은 고기를 먹을 수도 있었습니다. 하지만 아직 성능 좋은 활이나 날카로운 칼을 만들 줄 몰랐던 그들에게 사냥이 성공할 확률은 매우 낮았지요. 따라서 여럿이 힘을 합쳐 운 좋게 노루나 곰을 잡는 경우도 있었지만, 보통은 들이나 숲에서 풀과 나무의 열매, 뿌리, 잎 따위를 따 모아서 먹고살았습니다.

채집에도 준비가 필요하다

현대에도 남아메리카에 있는 아마존의 밀림이나 남태평양의 섬, 아프리카와 아시아 깊숙한 곳에는 사냥과 채집으로 살아가는 원주민들이 있습니다. 그들은 과학자와 거의 비슷할 정도로 수준 높은 자연 지식을 갖추었다고 합니다. 근처 숲이나 들판에 자라는 풀과 나무가 몇 가지나 되는지, 그 하나 하나가 어떻게 다른지 훤히 꿰뚫고 있습니다.

그렇다고 해도 식물을 채집하기 위해서는 미리 계획을 세우고 상당한 준비를 해야 합니다. 구석기 시대 사람들은 여럿이 모여서 머리를 맞대고 어떤 날, 어느 곳에 가서, 무슨 식물을, 어느 도구로, 어떻게 채집할지 의견을 나누어 계획을 세운 끝에 채집을 했을 것입니다. 그러려면 먼저 어느 계절에 무슨 나무 열매가 나는지, 어느 풀의 잎은 어느 계절에 먹어야 연하고 맛있는지를 알아야 했겠지요.

여럿이 모여 산과 들을 다니며 먹을 거리를 모으는 것은 즐겁고 손쉬운 일일 듯싶지만, 꼭 그렇지만도 않습니다. 언제나 위험이 뒤따랐습니다. 맹수를 사냥하는 것보다는 덜 위험하지만 뱀에 물리거나 벌떼에 쏘여 목숨을 잃는 경우도 많았을 것입니다. 또 독초를 잘못 먹어 크게 고생하거나 자칫 죽는 경우도 많았을 테고요.

어쩌다 한 사람, 아니면 두어 사람이 별 준비 없이 가볍게 뒷산에 올라가 나물을 캐는 경우도 있었겠지만, 곰처럼 힘이 세지도, 호랑이처럼 이와 발톱이 날카롭지도, 노루처럼 발이 날쌔지도 못한 사람은 혼자 힘으로만 먹고살기 힘듭니다. 그러니 여럿이 뭉쳐 살면서, 대부분 집단적으로 계획을 세워 채집을 했을 것입니다.

먼저 어느 곳에 어떤 식물과 동물이 사는지 잘 아는 사람이 지도자로 나서야 합니다. 그래야 위험한 동물이 있는 곳은 피하고, 맛 좋고 배불리 먹을 수 있는 것이 많은 곳을 빨리 찾아낼 테니까요. 그리고 누가 채집하러 나갈지, 그 동안 누가 마을을 지키고 아이들을 돌볼지 정할 것입니다.

자르개(흥수굴)

사냥할 때와 달리 채집할 때는 특별한 도구가 필요하지 않지만 그래도 자르개, 땅 파는 도구 정도는 준비했을 것입니다. 또한 따 모은 나무 열매나 뿌리를 실어 나를 도구, 예를 들어 나무 줄기나 잎을 엮어 만든 바구니 같은 것이 필요했겠지요.

맹수가 우글거리는 험악한 자연 환경에서 인간은 그나마 사냥보다 위험 부담이 덜한 채집을 더 많이 하며 살아갔을 것입니다. 구석기 시대뿐 아니라 그 뒤에도 인간의 먹을 거리에서 식물 자원이 차지하는 비중은 줄어들지 않습니다.

짐승의 뼈로 만든 연모
(청원 두루봉)

다만 빙하기에 추위가 심해져 매우 혹독한 지경에 이르렀을 때는 식물 자원이 줄어들어 구하기 어려웠을 테니 사냥이 더 중요해졌을 것입니다.

구석기 시대의 먹을거리

적게는 30명, 많게는 50명에 이르는 한 집단이 다 같이 먹고 살아가 려면 하루 온종일 먹을 것을 찾아다니는 데 시간을 다 써야 했을 것 입니다. 이렇게 지내다 보면 얼마 지나지 않아 부근에서 사람이 먹 을 수 있는 나무 열매나 뿌리는 바닥이 나겠지요. 따라서 채집을 주 로 하며 생활한 구석기 사람들은 먹을 것이 있는 곳을 찾아 끊임없 이 옮아 다녀야 했습니다. 인류 역사의 99.9퍼센트에 해당하는 긴 시간 동안 인류가 별다른 진보 없이 원시 생활을 영위할 수밖에 없 었던 이유가 바로 이런 사정에 있었지요.

그러면 한반도에 살았던 구석기 사람들은 주로 무엇을 채집해서 먹고살았을까요? 식물은 좀처럼 화석을 남기지 않기 때문에 이를 정 확히 알 수는 없습니다. 하지만 지질학자들의 도움을 얻어 당시 한 반도의 자연 환경을 살펴봄으로써 대충 짐작할 수 있습니다.

구석기 시대에 한반도에는 명아주, 쑥, 냉이, 고사리, 솔잎, 마, 칡, 도라지, 토란, 더덕, 대추, 밤, 도토리 들이 많이 있었다고 합니 다. 따라서 사람들은 주로 이러한 음식을 먹고 자랐을 것입니다. 현 대인들이 계절에 따라 건강 식품으로 먹는 것이 구석기 사람들에게 는 일상 음식이었던 것입니다.

투박한 전·중기의 뗀석기

석기(서포항) 주먹도끼(전곡리) 반달 모양 석기(상원 검은모루)

세련된 후기의 뗀석기

밀개(단양 수양개) 긁개(단양 수양개) 슴베찌르개(단양 수양개)

구석기 시대의 뗀석기
상원 검은모루의 투박한 석기와 단양 수양개 유적에서 나온 세련된 석기를 견주어 보면, 구석기 사람들의 도구가 점점 정교하고 다양해졌음을 알 수 있다. 뗀석기의 종류에 대한 자세한 설명은 65쪽에 있다.

밤나무같이 큰 나무에 달린 열매를 따는 일은 어려웠습니다. 그리고 땅을 파서 식물의 뿌리를 캐거나 풀잎을 따다 보면, 손톱이 부러지거나 손가락을 베이기도 했습니다. 자연스럽게 사람들은 채집하거나 땅을 파는 데 편리한 도구를 개발하게 되었습니다. 인류의 삶이 더욱 풍족해진 것은 바로 도구를 더 편리하게 만들고, 새로운 도구를 발명한 데서 비롯했다고 할 수 있습니다.

다만 구석기 사람들은 아직 그릇을 만들 줄 몰랐기 때문에, 채집해 온 것을 요리하지는 않았을 것입니다. 그저 단순하게 채집해 온 그대로 먹거나, 나뭇가지에 생선이나 짐승 고기를 끼워서 굽는 정도였을 것입니다.

그래서 도토리는 아주 흔히 구할 수 있는 열매였지만, 그 떫은맛을 없애는 방법을 몰라 잘 먹지 못했을 것입니다. 신석기 시대 유적에서는 도토리 화석이 곧잘 나오는 걸로 보아 신석기 사람들은 그 떫은맛을 없앨 줄 알았던 모양입니다. 도토리의 떫은맛을 없애려면 물을 담을 그릇이 필요합니다. 왜 그럴까요? 뒤에서 자세히 이야기하겠지만, 여러분도 한번 스스로 생각해 보세요.

사냥, 단백질을 찾아서

여러 학자들이 지금도 원시적인 생활을 하는 세계 여러 부족의 삶을 실제로 보고 관찰하여 기록한 연구(이러한 연구를 민족지 연구라고 합니다) 자료에 따르면, 어느 부족을 보아도 사냥은 가치 있는 생계 행위입니다. 고기를 함께 나누어 먹으며 단백질을 얻는 행위는 생물학적으로나 사회적으로 상당히 깊은 의미가 있습니다.

식물성 식량이 풍족해도 고기를 섭취하지 못하면 영양분이 부족해 건강을 잃는 경우가 많습니다. 그렇다고 고기만 먹어도 문제가 됩니다. 채소나 고기 어느 한 종류만 지나치게 고집하면, 우리 몸에 필요한 영양소의 반쪽밖에 얻을 수 없어 자칫 영양 실조 상태에 이르게 됩니다. 음식은 고기와 채소 두 식량원이 균형을 이루어야 합니다.

짐승을 사냥해서 잡으면 고기를 먹어 단백질을 얻을 수 있고, 또 그 가죽을 벗겨 옷으로 입을 수 있습니다. 인간의 기본 생활인 의·식·주에서 의와 식이 해결됩니다. 주(집)도 짐승 가죽으로 지붕을 덮을 수 있습니다. 이것은 나뭇가지와 풀을 엮어 덮는 경우보다 좀 사치스러운 일이 되겠지만 말입니다.

흔히 구석기 시대 사람들이 옷을 입지 않았으리라 생각하는데, 이는 잘못된 생각입니다. 실제로 추위가 닥쳤을 때 구석기 사람들은 너도나도 옷을 입으려고 했을 것입니다. 아직 사람들이 천을 짤 줄 몰랐던 당시, 추위를 막는 데는 짐승 가죽이 최고였겠지요.

사냥하며 이동하는 생활

구석기 시대 사람들은 농사라는 것을 몰랐습니다. 아직 농사의 지혜를 깨닫지 못했던 것이지요. 그들은 수십 명이 무리를 지어 다니며 작은 짐승을 잡아먹고 살았습니다.

구석기 시대 전체에 걸쳐서 채집 활동은 매우 중요한 일이었을 테지만, 사냥도 점점 더 중요해졌습니다. 사냥 기술이 발달해 짐승을 더욱 잘 잡게 되었기 때문에 인류는 마지막 빙하기의 혹독한 추위를 이겨 낼 수 있었습니다. 짐승을 잡아 그 고기로 든든하게 배를 채우고, 가죽으로 따뜻한 옷을 해 입으면 더 힘을 내서 활동할 수 있었겠지요!

구석기 시대 유적에서는 짐승 뼈가 많이 발견되었습니다. 이것은

상원 검은모루 유적에서는 넓적큰뿔사슴의 아래턱뼈도 나왔다. 지금은 어디서도 찾아볼 수 없는 넓적큰뿔사슴, 이렇게 생기지 않았을까?

당시 사람들이 그런 짐승을 잡아먹었다는 증거입니다. 구석기 사람들이 주로 사냥한 짐승은 쌍코뿔이, 하이에나, 늑대, 곰, 멧돼지, 노루, 사슴 들이었으며 원숭이도 잡아먹은 것으로 추정됩니다. 가장 많이 잡아먹은 것은 사슴이나 노루와 같은 순한 초식 동물이었겠지요.

구석기 시대 사람들은 이러한 사냥감을 찾아 옮아 다녔습니다.

사냥은 어떤 방법으로 했을까?

약 50만 년 전으로 거슬러 올라가 봅시다. 대동강 중류 어느 석회암 언덕(평양시 상원 검은모루 유적이 있는 곳), 지금은 멸종한 큰쌍코뿔이(62쪽 그림 참고) 시체를 하이에나 무리가 둘러싸고 게걸스럽게 뜯어

먹고 있습니다. 이 큰쌍코뿔이는 겨우 두 시간 전에 호랑이가 사냥한 뒤 대충 뜯어먹고 남긴 잔해입니다.

순간, 바위 뒤쪽에서 사람들이 "야아!" 소리를 지르며 우르르 달려 나옵니다. 이들은 하이에나를 향해 돌을 던지고 막대기를 휘두릅니다. 하이에나는 아직 배를 채우지 못했지만 불청객들의 소동에 할 수 없이 물러나고 맙니다.

이제 큰쌍코뿔이의 고기와 뼈는 인간이 차지했습니다. 때로는 죽은 지 한참 지나 약간 상한 고기를 얻는 경우도 있었지만, 불을 사용할 줄 알았던 구석기 사람들에게는 별 문제가 되지 않았을 것입니다.

이처럼 구석기 사람들이 단백질을 섭취하는 주된 방법은 아무래도 짐승의 잔해를 얻어먹는 것이었으리라 생각합니다.

직접 동물을 잡기도 했겠지만 구석기 사람들이 호랑이, 쌍코뿔이, 늑대, 곰, 개, 사슴 같은, 자신보다 훨씬 빠르거나 힘이 센 동물을 사냥하는 것은 결코 쉬운 일이 아니었습니다. 그들이 사용할 수 있는 도구는 자연 상태의 돌을 깨뜨리고 조각을 떼어 날을 세운 석기와, 동물 뼈나 나무 막대로 만든 몽둥이 정도였지요.

따라서 구석기 사람들은 주로 다른 포식 동물(동물을 잡아먹는 동물)이 사냥한 먹이를 가로채는 방법으로 사냥했을 것입니다.

실제로 지금도 아프리카나 오스트레일리아의 원주민들을 보면 이들이 야생 동물을 직접 사냥하는 경우도 있지만, 사자와 같은 포식 동물이 사슴이나 말과 같은 초식 동물을 사냥해 먹다 남긴 것을 주워 먹는 경우를 자주 볼 수 있습니다.

사냥했나, 사냥당했나 – 사냥에 대한 환상 깨기

인류 문화가 처음 싹틀 무렵, 오스트랄로피테쿠스는 어쩌면 전혀 (오늘날의 의미에서) 사냥을 하지 못했을 수도 있습니다.

처음에 학자들은 오스트랄로피테쿠스의 두개골(머리뼈)에 외부의 충격을 받아 금이 가고 부러진 흔적이 있는 것을 보고, 오스트랄로피테쿠스들이 서로를 공격한 증거라고 생각했습니다. 먹을 것이 모자라면 서로를 잡아먹은 증거라고 해석했던 것이지요. 오스트랄로피테쿠스를 처음 발견한 남아프리카 인류학자 레이먼드 다트는 최초 단계의 인류가 이미 살인 본능을 지니고 있었다고 생각했습니다. 그리고 주로 맹수를 사냥해 먹었을 것으로 보았습니다. 그러나 그렇지가 않았습니다. 오스트랄로피테쿠스는 도리어 맹수의 사냥감이 되는 나약한 원숭이였습니다.

오스트랄로피테쿠스의 두개골에는 당시 이들을 사냥했던 맹수의 잇자국이 남아 있기도 하다.

아프리카의 스와트크란스란 곳에서 오스트랄로피테쿠스의 두개골 화석이 무더기로 발견된 적이 있습니다. 화석이 발견된 구덩이 옆에는 나무가 한 그루 서 있었습니다. 이 유적을 찾은 학자는 화석을 살피다가 같이 발견된 맹수의 위턱뼈에 달린 두 이와 오스트랄로피테쿠스의 두개골에 난 구멍의 크기가 딱 들어맞는다는 것을 발견합니다. 이것이 무엇을 의미할까? 고민하던 학자는 고개를 들어 나무를 보았습니다. 그 때 깨달았습니다. 두개골 뼈가 무더기로 발견된 곳은 바로 오스트랄로피테쿠스가 맹수에게 잡혀 나무 위에서 먹힌 뒤에 뼈가 땅에 떨어져 생긴 공동 무덤이었던 것입니다.

오스트랄로피테쿠스는 걸핏하면 맹수에게 잡아먹히는 신세였습니다. 이처럼 처음에 인류는 생각보다 유약한 동물이었습니다.

그러니 구석기 유적에서 발견된 동물 뼈에 인간이 석기를 사용하여 도살하거나 살을 떼어 낸 흔적이 있다 하더라도 그 짐승이 인간의 손에 사냥되었으리라 장담할 수는 없습니다. 하이에나와 같은 다른 맹수가 남긴 고기를 주워 먹는 것이야말로 자연 속에서 자연의 일부로 살던 구석기 사람에게는 정말 지능적으로 단백질을 얻는 수단이었다 하겠습니다.

맹수에게 잡아먹히는 오스트랄로피테쿠스

그렇다고 주워 먹기만 한 건 아니다 - 힘과 지혜를 모은 사냥

그러나 때로는 며칠이고 다른 맹수가 남긴 고기를 찾아내지 못하는 경우도 있고, 또 사람 수가 늘어나 남은 고기만 가지고는 양이 차지 않을 때도 있었겠지요. 그래서 사람이 곰, 큰쌍코뿔이, 털코끼리 같은 커다란 동물을 직접 사냥해야 할 경우도 생겼습니다. 이 때는 목숨을 잃을지도 모르는 위험을 각오해야 했습니다.

사냥은 혼자서 하기 어려운 행위입니다. 예를 들어 토끼 사냥을 하더라도 혼자 하기보다 몇 명이 빙 둘러서 토끼를 한구석에 몰아서 잡는 것이 더욱 쉽고 빠르지요.

점점 시간이 지나면서 구석기 사람들은 사냥을 할 때 협동이 필요하다는 것을 깨달았습니다. 큰 짐승은 사람이 혼자서 상대하기 힘들고 아무리 작은 짐승이라도 사람보다는 빠르기 때문에, 여러 사람이 함께 몰아서 잡아야 한다는 사실을 깨닫게 되었지요. 또한 사냥의 효율을 높이기 위해서는 일을 나누어 맡을 필요가 있다는 사실도 알게 되었습니다. 몇 명은 짐승을 한쪽으로 몰고, 몇 명은 기다렸다가 몽둥이나 돌도끼로 때려잡습니다. 또 몇 명은 다른 사나운 짐승이 나타나지 않나 망을 봐야 했겠지요. 그리고 무거운 짐승을 잡으면 식구들이 기다리는 동굴까지 나를 때 여럿이 같이 짊어져야 했을 것입니다.

텔레비전에서 동물의 세계를 소개하는 프로그램을 보십시오. 호랑이나 사자와 같은 사나운 맹수도 먹이를 잡으려다 실패하는 수가 많습니다. 그만큼 사냥은 어렵고 위험이 따르는 일입니다. 인간은 맹수와 달리 여럿이 함께 모여 사냥을 하기 때문에 위험을 줄일 수가 있습니다. 사냥할 짐승이 어느 한쪽으로 덤벼들면 다른 쪽에 있는 사람들이 짐승의 뒤통수를 칠 수 있으니까요.

사냥에 나가면 짐승 하나를 통째로 잡아 올 수 있는 반면에 전혀 잡지 못할 때도 있습니다. 무작정 동굴 밖으로 나서면 오늘 쌍코뿔이를 잡을지 쥐새끼 한 마리도 못 잡을지 알 수 없는 형편이라, 사냥을 한 번 하더라도 제대로 하기 위해 사람들은 다양한 지혜를 모았습니다.

사냥꾼들은 대나무 창, 나무 창, 주먹도끼, 사냥돌 같은 무기를 손에 쥐고 쌍코뿔이 무리의 행동을 유심히 관찰합니다. 얼마를 관찰하니 무리 중에 약한 놈이 보입니다. 그 약한 쌍코뿔이를 사냥의 주요 목표로 정합니다. 이윽고 쌍코뿔이 무리가 줄을 지어 우르르 다른 곳을 향해 갑니다. 그 틈을 타 사냥꾼들은 사냥돌을 던지고 함성을 지르며 미리 눈여겨보아 둔 약한 쌍코뿔이를 덮칩니다.

사람뿐 아니라 사자나 표범이 사슴 같은 것을 잡을 때도 거의 같은 방법을 씁니다. 미리 약한 놈이나 어려서 힘이 없는 새끼를 봐 두었다가, 무리가 이동하느라 정신이 없는 틈을 타 뒤로 처지는 놈을 습격해 잡습니다. 또 북아메리카에 사는 원주민 수 족은 들소를 사냥할 때 벼랑 끝이나, 미리 땅을 파서 날카로운 대나무나 나무 창 같은 것을 꽂아 둔 커다란 웅덩이로 소 떼를 몰아 간답니다.

지능적인 사냥 방법

북아메리카 중부의 너른 벌판에서 사는 수 족은 오랜 옛날부터 들소를 사냥해 온 부족입니다. 이들은 사냥에 나서면 우선 평원에 흩어져 있는 들소를 멀리서부터 빙 둘러싸서 범위를 점차 좁혀 한 군데로 몹니다.

이 때 부족 가운데 한 사람이 들소 머리와 가죽을 뒤집어쓰고 들소 떼에 섞입니다. 순간 사냥꾼들은 소리를 지르며 들소 떼를 한 방향으로 몰고, 들소로 위장한 사냥꾼이 들소 떼의 선두에 서서 무리를 벼랑 끝으로 이끕니다. 들소들은 선두에 있는 우두머리가 이끄는

대로 움직이는 습성이 있기 때문이지요.

벼랑 끝에 이르면 들소로 위장한 사냥꾼은 재빨리 몸을 피하고 사냥꾼들은 계속 들소 떼를 밀어붙입니다. 결국 들소 떼는 벼랑 아래로 떨어져 죽습니다.

이처럼 구석기 사람들에게 사냥은 그저 용맹하기만 하면 되는 것이 아니라 인간만이 가진 장점인 지혜를 최대한 활용하는 작업이었습니다. 우리 땅의 구석기 사람들도 이와 비슷한 지혜를 발휘했음에 틀림없습니다. 아메리카 원주민은 아시아에서 베링 해협을 건너간 몽골 인종입니다. 우리는 아시아에 사는 몽골 인종입니다. 따라서 우리 조상들도 이러한 사냥 방법을 썼을 가능성이 높습니다.

겨울에는 사냥을

함경 북도 동관진과 화대군 장덕리 등지에서는 추운 지방에서 살았던 북방계 동물인 털코끼리(매머드) 뼈가 발견되었습니다. 시베리아 평원은 빙하 시대에도 풀밭이 멀리 멀리 펼쳐진 초원 지대였다고 합니다. 털코끼리는 빙하기에 이와 같은 초원 지대에 주로 살았습니다. 그렇다면 빙하기에는 우리 산천도 초원 지대였던 적이 있다는 이야기가 됩니다.

1901년 시베리아의 베레소프카라는 곳에서 형태가 거의 완벽한 매머드 화석이 발견되었습니다. 늪에 빠져 죽은 이 매머드는 두꺼운 얼음 속에서 냉동 상태로 3만 년이 넘도록 털과 살까지 고스란히 보존되어 있었습니다. 사냥개들이 그 살을 먹었으나 아무런 해도 없었다고 합니다.

이 매머드는 운 좋게 당시 사람들의 눈에 띄지 않아 오늘날 우리에게 그 모습을 전해 주게 되었지만, 만약 그 때 사람들이 늪에서 이매머드를 건져 냈다면 모처럼 푸짐한 고기로 잔치를 벌일 수 있었겠지요.

우리 땅은 네 계절이 뚜렷하여 봄·여름·가을·겨울이 다 아름답지만, 이것은 거꾸로 생각하면 먹을 것을 1년 내내 고르게 구하기 어렵다는 이야기입니다. 지금은 비닐하우스에서 사계절 내내 싱싱한 채소와 과일을 키울 수 있지만, 1950년대 이전만 해도 겨울에서 이른 봄까지는 채집하여 양식으로 삼을 식물성 자원이 거의 없었습니다.

사람은 뱀과 같이 겨울잠을 자거나, 곰과 같이 한 번에 엄청나게 먹고 몇 달을 버틸 수가 없기 때문에 겨울철에도 식량을 구해야 합니다. 따라서 겨울에는 사냥을 많이 했을 가능성이 높습니다. 겨울잠을 자는 동물이나 토끼, 오소리와 같이 작은 짐승들이 주 목표였겠지요. 그리고 사슴, 노루, 여우도 잡았습니다.

사냥 도구들

큰 동물은 고기 양이 많아 집단이 포식할 수 있지만 잡기가 매우 힘들고 어려웠으니, 평소에는 몸집이 작은 초식 동물을 잡아 단백질을 보충했을 것입니다.

구석기 시대 사람들이 살았던 동굴에서는 여러 가지 돌 조각이 나왔습니다. 얼핏 보면 막돌 같지만 사실은 그렇지 않았습니다. 역사학

슴베찌르개(단양 수양개 유적)

자들은 이 돌들이 맨 처음 세상에 생겨난 사람들이 만들어 쓴 노동 도구이며 사냥 도구임을 밝혀 냈습니다.

앞에서 말했듯이 그 때 사람들은 돌을 다른 돌 위에 내려쳐서 깨진 조각을 가지고 풀뿌리를 캐거나 짐승의 고기를 베는 데 썼습니다. 얇은 돌 조각을 다듬어 화살촉처럼 만든 슴베찌르개와 같은 도구가 일부 구석기 유적에서 나와, 사슴처럼 날쌘 짐승을 사냥하는 데 사용했으리라 추측합니다. 슴베찌르개는 나무 막대기 끝에 묶어 던지면 멀리까지 날아가 박히니까요. 슴베는 오늘날의 농기구에도 유용하게 쓰입니다. 칼이나 호미 자루 속에 박아 넣은 뾰족한 부분을 바로 슴베라고 합니다.

사냥에 쓰인 도구로는 사냥돌, 돌찌르개, 돌칼, 그리고 나무 창이 있었습니다. 나무 창에는 슴베찌르개를 꽂았는데, 미국에서는 슴베찌르개가 매머드 뼈에 박혀 있는 것이 발견되기도 했습니다.

사냥의 목적은 동물성 단백질을 얻고, 또 몸을 감쌀 옷이나 천막을 짓는 데 쓸 가죽을 구하는 것입니다. 사냥한 짐승의 뼈를 다양하게 이용할 수도 있습니다. 우크라이나의 메지리치(Mezhirich)에서는

매머드의 뼈대로 지은 막집. 메지리치에서 복원했다.

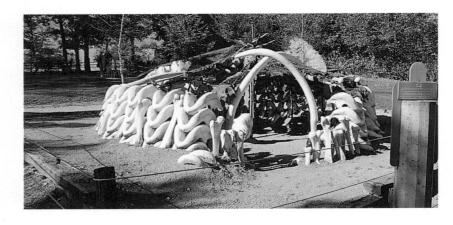

가로날도끼(연천 전곡리)

매머드 뼈로 단단한 오두막을 지은 것이 조사되었습니다.

사냥하는 데 성공하고 나면 사냥감을 지키는 일이 시급합니다. 하이에나, 매와 같은 불청객이 끊임없이 찾아오기 때문입니다. 그래서 사냥을 나가기 전에, 사냥이 끝나면 잡은 짐승의 숨통을 끊고 가죽을 벗기고 먹기 좋게 자르는 일을 담당할 사람과 맹수의 움직임을 망볼 사람을 가릅니다. 그리하여 재빨리 사냥감을 도살하고 눈이 빠져라 음식을 기다리는 다른 식구들에게 고기를 날라다 주어야 합니다. 주먹도끼를 잡고 힘을 주어 당기면 가죽을 잘 벨 수 있습니다. 그리고 가로날도끼를 힘차게 휘둘러 큰 짐승을 토막 내지요.

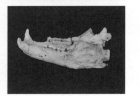

청원 두루봉 동굴에서 나온 동굴곰의 머리뼈와 아래턱뼈

더운 날의 사냥

빙하기에 한반도는 추운 한대 기후의 제일 남쪽에 해당했습니다. 반대로 얼음이 녹는 간빙기에는 따뜻한 아열대 기후의 북쪽 끝에 해당했습니다. 그래서 우리 나라에서 발견된 구석기 시대 동물 뼈를 보면 추운 지방에서 사는 털코끼리가 있는가 하면 열대 지방에 사는 원숭이도 있습니다.

충청 북도 단양의 금굴과 청원 두루봉 동굴, 평양시 상원의 검은

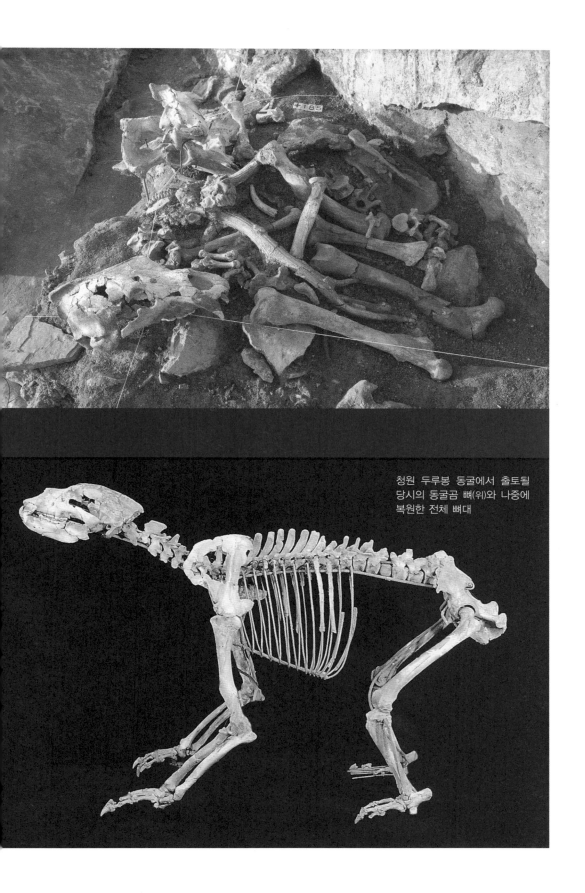

청원 두루봉 동굴에서 출토될
당시의 동굴곰 뼈(위)와 나중에
복원한 전체 뼈대

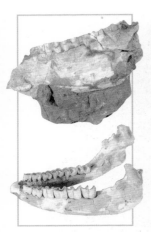

쌍코뿔이의 아래턱뼈와
상상으로 그린 쌍코뿔이

모루 동굴과 용곡리 동굴에서 마지막 빙하기가 시작되기 전 기후가
따뜻했을 때 살았던 쌍코뿔이 화석이 발견되었습니다. 또 동굴곰,
하이에나, 코끼리, 물소, 원숭이의 화석도 나왔습니다.

사람들이 쌍코뿔이나 동굴곰을 반드시 사냥했다고는 볼 수 없지
만, 그럴 가능성도 있습니다. 이런 대형 동물을 사냥하는 것은 위험
하고 또 힘든 일이므로, 같이 모여 사는 집단 전체가 꼭 필요할 때에
만 뜻을 모아 면밀히 계획을 세우고 사냥을 했겠지요.

채집은 여성, 사냥은 남성?

지금까지 사람들은, 여성은 아이를 낳아 기르는 일을 하기 때문에 사
냥을 하지 않고 채집 활동만 했으며, 남성은 주로 사냥을 했을 거라고

생각해 왔습니다. 그런데 최근 연구를 통해 사냥보다는 채집이야말로 사람들이 살아가는 데 가장 중요한 수단이었음이 알려졌습니다.

　현재 채집과 사냥으로 생계를 이어 가는 원시 부족들을 연구한 결과, 남성이 생계를 담당하는 비중은 위도가 높은 지방일수록 높습니다. 심지어 남자들만이 식량을 100퍼센트 마련하는 경우도 있습니다. 추운 지방일수록 어린아이를 돌보기가 힘들어, 여성들이 다른 일을 할 틈이 별로 없어서일까요?

　하지만 열대 지방으로 갈수록 남녀 간 노동 분리가 뚜렷하지 않은 것이 특징입니다. 여성들도 열매나 나물 같은 식물성 자원을 채집하는 도중에 토끼나 오소리, 쥐와 같이 작은 동물을 만나면 사냥을 하곤 합니다. 다만 이보다 큰 동물을 사냥하는 것은 거의 대부분 남자의 몫입니다.

물고기 잡이

사냥이 어려울 때 단백질을 효과적으로 보충해 줄 수 있는 것은 물고기입니다. 고기잡이는 사냥보다 위험이 덜할 뿐 아니라 기술이 발달하면 아주 많은 고기를 얻을 수 있습니다.

　하지만 구석기 사람들은 처음에는 강이나 바다에 사는 물고기를 잘 이용한 것 같지 않습니다. 땅과 물이 꽁꽁 얼어 버린 시기가 많아 얼음 속에 살던 물고기를 쉽게 잡지 못했기 때문입니다. 자연히 빙하기가 끝나 갈 때가 되어서야 물고기는 생계의 주요한 부분을 차지하게 됩니다.

잔석기(화순 대전 유적)
가장 긴 것의 길이가 3.5 센티미터 이하이다.

몸돌과 격지
돌을 깨거나 돌조각을 떼어 낼 때, 떨어져 나간 부분을 격지라 하고, 나머지 원래의 돌멩이를 몸돌이라고 한다. 격지로 작고 날카로운 잔석기를 만들었다.

구석기 시대 후기에 돌을 여러 가지 모양으로 작고 날카롭게 다듬은 잔석기가 많이 개발되었는데, 이것들은 창이나 작살의 촉으로 아주 쓸모 있었습니다. 이런 잔석기는 사냥보다 고기잡이에 더욱 많이 쓰였습니다.

혹독한 추위가 물러가면서 시베리아를 비롯해 아시아 북부 지방에서는 빙하가 녹은 자리에 호수가 생겨나곤 했습니다. 우리 땅과 일본에도 호수라는 생활 환경에 적응해 살게 된 사람들이 꽤 있었겠지요. 이들은 여러 가지 잔석기를 만들어 사냥과 고기잡이, 그리고 잡은 물고기의 비늘을 벗기고 내장을 발라내는 데까지 다양하게 활용했던 것으로 보입니다. 포크처럼 고기를 꿰어 들고 먹었을 수도 있겠네요.

뗀석기 만드는 법

| 모루 떼기 | 두 손으로 돌감을 쥐고 바닥의 큰 돌(모루)에 내려쳐 떼어 내는 단순한 방법이다. 이렇게 타격을 주어 떨어져 나간 조각(격지)이나, 격지가 떨어져 나간 몸돌을 그대로 사용했다.

| 직접 떼기 | 한 손에는 돌감을 쥐고 다른 한 손에는 망칫돌을 쥔 다음, 힘을 주어 망칫돌로 돌감을 내려치는 방법이다. 이 방법이 발전해 돌 대신 동물 뼈나 뿔처럼 재질이 무른 망치를 사용하기도 했다.

| 간접 떼기 | 망치로 직접 돌감을 때리지 않고, 돌감에 다른 물체를 대고 쐐기나 끌로 삼아 망치를 두드려 떼어 내는 방법이다. 직접 떼기에서 발전한 방법으로, 더욱 정교한 모양으로 석기를 만들 수 있다.

| 눌러 떼기 | 작고 날카로운 도구로 힘껏 눌러 돌감을 떼어 내는 방법이다. 아주 작은 석기에 정교한 잔손질을 할 수 있다. 뗀석기를 만드는 방법 중 가장 발전한 형태다.

모여라, 뗀석기!

어느 날 사람들은 땅바닥에서 돌을 주워 들었습니다. 그리고 그것을 가지고 무언가를 만들었습니다. 창조와 응용의 순간! 돌멩이를 깨거나, 큰 돌에서 돌조각을 떼어 내 만든 도구를 뗀석기라고 합니다. 뗀석기 덕분에 인간의 손은 이제 연약한 존재가 아니었습니다.

┃ 주먹도끼 ┃ 주먹에 쥐고 사용하는 돌도끼. 찍는 날과 자르는 날 두 가지가 모두 있는, 구석기 시대의 만능 도구.

(앞)   (옆)

┃ 긁개 ┃ 짐승 가죽을 벗기거나, 나무나 뼈를 깎는 도구. 고깃살을 저미는 데에도 사용했다.

┃ 찍개 ┃ 나무를 다듬거나 짐승의 뼈를 찍고, 짐승의 살을 토막 내는 데 쓰는 도구.

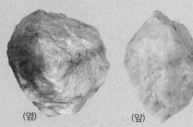

(옆)   (앞)

┃ 밀개 ┃ 살을 저미거나 뼈를 깎는 데 사용한 도구. 나무 껍질을 벗겨 내는 데도 잘 들었다.

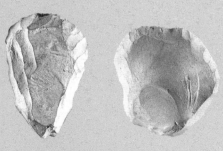

┃ 찌르개 ┃ 짐승을 찔러 죽이거나 가죽에 구멍을 뚫을 때 사용한 도구. 손에 쥐는 주먹찌르개와 창에 꽂는 창끝찌르개, 화살촉으로 쓰는 화살촉찌르개가 있다.

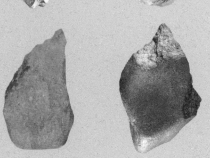

불, 하늘의 축복이자 재앙

사냥을 하고 나서, 불을 사용할 줄 아느냐 모르느냐에 따라 식생활은 크게 달라집니다. 사람이 다른 맹수처럼 불을 사용할 줄 몰랐다면 동물의 살코기를 날것으로 먹었을 것입니다.

인간은 하늘에서 벼락이 떨어지거나 화산이 폭발할 때, 불이라는 무서운 것을 보았습니다. 이 신비로운 불을 인간은 신중하게 관찰했고, 나뭇가지를 비비거나 부싯돌을 부딪쳐 불을 일으키는 방법을 우연히 알게 되었습니다.

동굴에 불을 피우니 밤에 잘 때도 춥지 않고, 잡은 고기를 불에 구워 먹으니 맛있고 부드러워 씹기도 좋고 소화도 잘 되었습니다. 불을 이용할 줄 알게 되자, 사람들은 불씨를 소중히 여겨 꺼지지 않도록 보존했습니다.

처음에 인류는 불을 사용할 줄 몰라 고기든 채소든 모두 날것으로 먹었을 것입니다. 그러면 우선 먹을 수 있는 음식의 범위가 한정됩니다. 게다가 날음식에 있는 기생충이나 병균이 그대로 사람의 몸으로 들어와 질병에 걸릴 확률이 높습니다. 따라서 인류의 수명도 현재보다 짧아서 대략 서른 살을 넘기지 못했을 것으로 추정합니다.

불을 발견하다

인간이 불을 사용한 흔적 중 가장 오래 된 것은 아프리카 땅에서 발견되었습니다. 케냐의 바링고 호수 주변에서 불에 탄 재가 발견되었는데 그 연대가 무려 140만 년 전까지 올라갑니다. 아시아에서는 중국 윈난 성(雲南省 : 운남성)에서 인간의 이(치아)와 함께 재가 발견되었습니다. 그러나 불을 사용한 가장 확실한 증거는 베이징 저우커우뎬 동굴에 있었습니다. 이 동굴에서는 재가 상당히 두꺼운 층을 이루었고, 짐승 뼈와 석기도 함께 발견되었습니다. 따라서 이 곳에서 발견된 구석기 인류, 베이징 원인은 불을 피워 고기를 익혀 먹었겠지요.

베이징 원인은 대략 70만~20만 년 전에 살았던 인류로, 지금까지 발견된 바로는 가장 오래 전에 불을 사용한 사람들입니다. 우리 땅에서는 상원 검은모루 동굴의 사람들이 베이징 원인과 비슷한 시기에 살았던 것 같습니다.

그리고 충청 남도 공주 석장리에 후기 구석기 시대 사람들이 살았던 움집의 터가 있는데, 움집 안쪽에 돌을 둥그렇게 둘러 불 피우는 자리를 만들어 놓은 흔적이 발견되었습니다. 이러한 흔적을 불땐 자리라고 합니다. 또 충청 북도 제천시 창내의 한데 유적도 후기 구석기 시대의 유적인데, 여기서 자갈돌로 만든 불땐 자리가 발견되었답니다. 이로 미루어 한반도의 구석기 사람들도 불을 사용했다고 추정할 수 있습니다.

불은 처음에는 추위를 물리치는 데 주로 쓰였지만, 음식을 조리하는 데 쓰이면서 인간 생활에 커다란 변화를 가져왔습니다. 열매나 잎과 달리 나무와 풀의 줄기는 질겨서 먹지 못했는데 익혔더니 먹을 수 있게 되었습니다. 태평양의 여러 섬에는 빵나무라는 나무가 있는데, 이 나무 열매를 불에 구웠더니 지금 우리가 즐겨 먹는 과자 비슷하게 되었습니다. 고기도 익히면 훨씬 부드러워집니다. 인류는 진화하면서 치아가 점점 약해졌는데, 불로 음식을 조리하면서 예전처럼 질긴 음식을 오래 씹을 필요가 없어졌기 때문이겠지요. 그러나 불로 음식을 조리하면서부터 수명은 거의 두 배 가까이 늘어났습니다.

사회 조직이 생겨나다

사냥해 온 짐승은 집단 안에서 공동 분배되었습니다. 누군가 한 사람이 욕심을 부려 더 가져간다 해도, 며칠 동안 먹을 만큼 먹은 다음에는 상하지 않게 더 오래 보관해 둘 수단도 없었습니다.

같이 사냥하고, 같이 채집하고, 같이 나누어 먹어 빈부 격차가 없었던 이 시대의 사람들 집단을 원시 공동체라고 합니다. 사람들이 계급 없이 공동 집단을 이루어 함께 생활했다는 의미에서 이 시대를 원시 사회 또는 원시 공동체 시대라고도 하지요.

원시 사회에는 빈부 격차와 계급이 없어 그에 따른 싸움이 벌어지지는 않았겠지만, 구성원 전체가 당시 약육강식의 자연계에서 살아남기 위해서 매일 사투를 벌여야 하지 않았을까요?

사냥을 하려면 강인한 육체와 굳센 단결력이 필요합니다. 여러 사람이 같이 일할 때는 서로 우왕좌왕하지 않도록 누군가 나서서 교통 정리를 해야 하지요. 따라서 반드시 지도자가 있게 마련이었지요. 이것이 인류가 사회라는 생활 조직을 만들어 내는 계기가 되었습니다.

3

동물 무리에서 인간 가족으로
구석기 시대 사람들의 사회

오늘날 우리가 보는 유적과 유물은 당시를 살던 인간들이 남긴 흔적입니다. 그러나 생활 속에서 아주 중요하지만 흔적을 남기지 않은 것도 있습니다. 가족 생활 같은 것이 바로 그 가운데 하나이지요.

따라서 우리는 마치 탐정이 범인을 추적하듯 여러 가지 단서를 모아 당시의 삶을 상상해서 다시 구성해 볼 수밖에 없습니다. 그렇다면 도대체 구석기 사람들의 사회는 어떤 모습이었을까요? 우리 한번 천천히 그 사회로 들어가 볼까요?

구석기 사람의 보금자리, 동굴

구석기 사람들은 아직 집을 지을 줄 몰라서 주로 동굴에서 살았습니다. 평양시 상원의 검은모루 동굴과 용곡리 동굴, 제주 빌레못 동굴이 대표적인 동굴 집터 유적이지요.

　구석기 사람들에게 동굴은 따뜻한 피신처였습니다. 보통 동굴은 축축하고 물이 흥건히 괴어 있는 경우가 많지만, 비바람을 피하는

평양 용곡동 동굴 안에서 바라본 농지

것이 가장 중요했던 구석기 사람들에게는 가장 소중한 집터였습니다. 남쪽을 향해 구멍이 트이고, 동굴 밖으로 앞에 강이 흐르고 또 작은 들판이 펼쳐진다면 더욱 좋았겠지요.

동굴 안 한가운데에는 대개 땅을 파거나 돌을 쌓아 화덕을 만들었습니다. 화덕 주위에 둘러앉아 차가운 몸을 녹이고 동물 살코기를 익혀 먹었습니다. 발굴된 동굴 대부분에서 사슴, 곰, 멧돼지 들의 뼈가 발견됩니다.

날이 저물면 이들은 바닥에 나뭇잎이나 보드라운 재를 깔고, 그 위에 누워 두꺼운 곰 가죽을 이불 삼아 춥디추운 구석기 시대의 밤을 이겨 냈을 것입니다. 다른 어느 동물보다 어미가 새끼를 돌봐야 하는 기간이 긴 인간의 어머니는 이 곳에서 아기를 낳았습니다.

한데 유적과 막집

구석기 시대 끝 무렵이 되면 연천 전곡리나 공주 석장리 유적에서 보이듯 초보적인 움집(막집)을 짓기 시작합니다. 하지만 수십만 년이 넘는 세월 동안 한반도의 구석기 사람들은 자연이 준 선물인 동굴을 보금자리로 삼았습니다.

구석기 시대 사람들은 강가나 냇가에서 살기도 했습니다. 석기의 원료가 되는 돌이 풍부하고 물고기도 잡을 수 있기 때문이었겠지요. 동굴이 아닌 한데에서 집터가 발견된 예는 많지 않지만, 공주 석장리와 제천 창내의 한데 유적에서는 후기 구석기 시대의 집터가 발굴되었습니다.

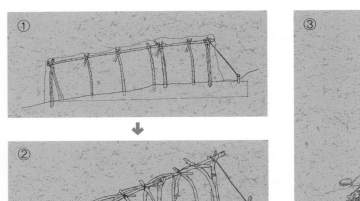

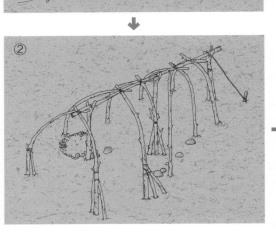

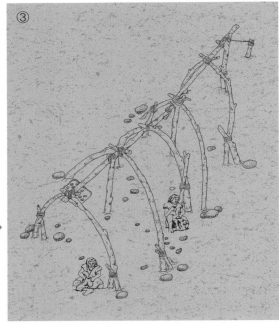

**충북대학교 박물관에서
막집을 복원한 과정**

①바닥은 경사지게 해서 물이 잘 빠지도록 하고, 양쪽에 구멍을 판 뒤 나무 기둥을 박아 넣고, 기둥을 구부려 집의 뼈대를 둥글게 만든다. ②양쪽 기둥에 말뚝을 덧댄다. ③돌로 기둥을 받친다. ④가죽이나 나뭇잎으로 덮으면 막집 완성!

충북대학교 박물관에서 화순 대전 유적의 막집을 복원했다.

동굴보다는 바위 그늘에서

동굴이나 한데 외에 구석기 사람들이 많이 살았던 곳이 또 있습니다. 단양 상시리 유적과 같이 암벽 위쪽이 기울어지거나 아래쪽이 움푹 들어가서 비나 햇빛을 피할 수 있는 바위 그늘이지요. 사실 조사된 유적 중에는 엄밀히 말해 동굴이라기보다 바위 그늘로 앞이 트인 경우가 많습니다.

구석기 사람들은 대개 경사진 산기슭에 있는 동굴이나 바위 그늘에서 땅 밑으로 파고 들어가거나, 앞이 트인 곳에 돌을 막아 아늑한 자리를 마련했습니다. 그리고 그 안에서 불을 피워 추위와 맹수의 위협을 피하면서 생활을 꾸려 나갔지요.

구석기 사람들이 집을 짓지 않은 까닭

구석기 사람들은 왜 집을 짓지 않았을까요? 이유는 간단합니다. 집을 짓는 일은 큰 공사였기 때문에 그렇게 어렵고 힘든 일을 할 필요를 못 느꼈던 것입니다.

왜냐 하면 나무나 풀의 열매와 뿌리를 채집해 생활한 구석기 사람들은 먹을 것을 찾아 끊임없이 옮아 다녀야 했고, 애써 집을 지어 봤자 한 계절 지나고 나면 버리고 떠나야 했습니다. 때문에 굳이 사서 고생할 필요가 없었지요.

구석기 사람들의 신체 조건이 오늘날의 인류와는 많이 달랐다는 점도 생각해야 합니다. 구석기 시대의 인종 가운데 가장 진화한 축에 속한 네안데르탈 인이나 크로마뇽 인도 아직 몸에 털이 많았고, 살갗도 오늘날의 우리보다 두꺼웠음이 틀림없습니다.

유전자 구성이 인간과 98퍼센트나 같은 침팬지를 보아도 집 없이 잘 삽니다. 동물원의 침팬지를 보고 집에서 산다고 생각하는 사람은 없겠지요. 동물원이야 인간이 보기 위해 침팬지에게 집을 만들어 준 것이지, 침팬지가 스스로 자기 집으로 선택한 것은 아닙니다. 구석기 시대의 인류도 이들 유인원과 신체 조건이 비슷했을 것입니다.

구석기 시대 후기에 들어서면 사람들이 집을 지으려 한 흔적이 보입니다. 공주 석장리 유적이 그 예로, 평지에 움집 형태로 집을 지었을 것으로 추정됩니다. 대개 양지 바른 곳이나 나무 위에 풀이나 나뭇가지로 거칠게 '막집(움집)'을 지었던 것 같은데, 아마 한 곳에 오래 머무르게 되면서 집이 필요하다고 느끼기 시작했겠지요. 바위 그늘과 같은 형태를 떠올리며, 주변에서 쉽게 구할 수 있는 나무 같은 재료를 가지고 사람들이 들어가 생활할 공간을 만들었겠지요.

이동, 삶의 터전을 찾는 여행

구석기 시대 사람들이 살던 곳을 떠나 집단적으로 거처를 옮기는 것은 바로 식량 자원이 모자라 새로운 터전을 찾기 위해서입니다. 이밖에 특별한 이유가 없어 보이는데도 그냥 습관적으로 이동하는 경우도 있습니다. 하지만 이 역시 더욱 적절한 생계 자원(사냥감, 채집할 공간)을 찾을 때까지 거처를 옮겨 다니는 습성 때문입니다.

사람들이 거처를 떠나 움직이는 경우, 그 성격에 따라 집단 이동과 생계 활동 이동으로 나눌 수 있습니다.

먼저 집단 전체가 거처를 옮기는 집단 이동을 보면, 열대 지방에서 사냥과 채집으로 살아가는 원주민들은 1년에 약 열다섯 번 정도 이동한다고 합니다. 상황에 따라서 이보다 적게, 혹은 많이 옮기기도 합니다. 1년에 열다섯 번이나 이사해야 한다면 오늘날의 우리처럼 단단한 집을 짓거나 옷장 따위 무거운 짐을 많이 가지고 사는 건 오히려 아주 불편한 일이겠지요?

특히 사냥을 주로 하는 원시 부족 집단은 더욱 자주, 한 번에 약 10~20킬로미터씩 이동합니다.

필요할 때 몇몇 사람이 먹을 거리를 구하기 위해 돌아다니는 생계 활동 이동을 보면, 사냥을 주로 할 때는 먼 거리를 며칠씩 걸려 이동하곤 합니다. 큰 짐승을 사냥할 경우 많은 고기를 얻을 수 있기 때문에 거리가 꽤 멀더라도 원정을 가겠지만, 멀리 가 봐야 작은 동물 몇 마리밖에 잡지 못한다면 수지가 맞지 않는 일입니다. 그래서 사냥은 얻는 것도 많지만 그만큼 힘도 많이 드는 일입니다.

채집을 주로 하는 경우에는 그렇게 멀리 다니지 않겠지요. 주변의 산과 들에서 채집 활동을 하다가 더 먹을 것을 구하기 어려울 때 집단 전체가 다른 곳을 찾아 이동하게 됩니다.

구석기 사람도 옷을 입었다

인간은 언제부터 옷을 입기 시작했을까요? 그리고 왜 옷으로 살갗을 가려야만 했을까요? 이 질문에 대한 정확한 답을 알지는 못합니다. 더구나 세계 어디에서도 구석기 사람의 옷 유물이 출토된 적이 없습니다. 하지만 요즘 우리가 추운 겨울날 벌거벗고 다니는 것을 상상할 수 없는 것과 마찬가지로, 구석기 사람들도 추운 겨울을 옷 없이는 지낼 수 없었을 것입니다.

인간의 역사를 볼 때 사람들이 옷을 입는 목적은 다양합니다. 성서에 나오는 인류의 첫 번째 조상인 아담과 하와는, 하느님의 명령을 어기고 선악과를 따먹은 뒤 알몸으로 지내는 것에 부끄러움을 느껴서 무화과나무 잎을 엮어 몸을 가렸다고 합니다. 만일 성서의 내용이 사실이라면 인류가 맨 처음 입은 옷은 무화과나무의 잎이라고 할 수 있겠지요.

어떤 사람은 몸의 어느 부분에 대한 관심을 끌기 위해 도리어 그 부분을 가린 데서 옷 입는 습관이 시작되었다고 보기도 합니다. 이 주장도 그럴싸해 보입니다.

또 어떤 사람은 초자연적 힘으로부터 보호받고 소원을 이루기 위해 부적을 만드는 과정에서 사람들이 옷을 입었다고 보기도 합니다. 곧 신령한 존재에게 소원을 비는 상징적 의미를 담아 부적처럼 가죽이나 깃털로 몸을 장식한 것이 옷으로 발전했다는 이야기이지요. 그리고 신성하다고 생각하는 동물의 가죽을 뒤집어쓰고 제사를 지내기도 했겠지요.

어쨌든 옷은 몸 가운데 약하면서 중요한 부분을 가리거나 추위를 막을 필요에서 생겨났을 것입니다. 지금도 아프리카나 적도 근처에 사는 많은 원주민들이 옷을 입지 않으면서도 성기 부분만큼은 가리고 다니는 것은 몸의 중요한 부분을 가리기 위해서라고 합니다.

인류가 맨 처음 입은 옷은 아마 짐승 가죽과 나무 잎사귀로 만들었으리라 생각됩니다. 무엇보다도 사냥해서 잡은 동물 가죽이 인기 있었겠지요. 이를테면 곰 가죽은 바깥쪽이 털로 뒤덮여서 추위를 막는 방한용으로 더없이 좋았을 것입니다. 구석기 유적에서 사슴 뼈가 많이 발굴되는 것으로 보아 분명히 사슴 가죽도 많이 썼을 것입니다.

인간은 언제 옷을 입기 시작했을까?

여기서 한 가지 생각해 볼 점이 있습니다. 아주 오래 전 인류가 지구상에 처음 나타났을 때는 다른 동물들과 마찬가지로 벌거벗고 다녔습니다. 아니 '벌거벗었다'는 말 자체가 우습지요. 개나 침팬지를 보고 벌거벗고 다닌다고는 말하지 않으니까요.

인류가 처음 등장한 곳은 아프리카 대륙이라고 주장하는 학자가 많습니다. 그 곳은 날씨가 따뜻하니 인류는 옷으로 몸을 가릴 필요성을 느끼지 않았을 것입니다. 오늘날에도 아프리카와 오스트레일리아에서는 옷 없이 맨몸으로 살아가는 원주민들을 흔히 볼 수 있습니다. 그러다 인류가 점점 퍼져 나가 추운 지방까지 진출하면서 옷을 입기 시작했다고 지금까지는 생각해 왔습니다.

여기서 곰곰이 생각해 보면 인간이 왜 굳이 추운 지방으로 갔는지 이유가 분명하지 않습니다. 현재 추운 지방의 기후가 당시에는 따뜻했을 가능성이 높습니다. 그래서 아프리카와 비슷하게 따뜻한 지방으로 먹이를 찾아 옮아 갔는데, 그 곳에서 사는 동안 점점 추워져 옷을 만들어 입기 시작했다고 봅니다.

그리고 구석기 사람들이 살던 지역에서 식량 자원이 다 떨어져 먹을 것을 찾아 나선 것이 이동의 가장 주된 이유라고 봅니다. 또 특별한 이유도 없이 사냥감이나 채집할 공간을 찾으면서 습관적으로 옮아 다닌 집단도 있었다고 하고요.

하지만 인간 집단이 생활하는 데 가장 필요한 것이 주변에 있느냐 없느냐에 따라 이동의 시기와 방향이 정해졌다고 할 수 있습니다. 만약 들소를 잡는 것이 주된 생계 수단이라면, 들소 떼가 먹이를 찾아 이동할 때 같이 움직여야 했겠지요.

그런데 만약 한 집단이 추운 지방으로 가야만 하는 어떤 이유가 있었다면, 옷이라는 것을 입고 갔을 것으로 봐야 하지 않을까요? 옷을 알지 못한 상태였다면 추운 고위도 지방으로는 절대 가지 않았겠지요. 열대 지방의 침팬지는 절대로 북유럽이나 시베리아로 이동하지 않으니까요.

결국 지금까지의 생각과는 반대로 인류가 옷 만드는 법을 알고 나서, 곧 추위를 막을 수 있는 방법을 개발한 다음에 비로소 추운 지방으로 이동했다고 보는 것이 합리적이지 않을까요?

구석기 사람들의 사회

인간은 태어날 때부터 사회적 동물

인류는 수백만 년 동안 매우 힘없고 보잘것없는 존재였다고 합니다. 그래서 아주 일찍부터 집단 전체가 협동하여 자녀들을 한 공간에서 키워 냈다고 합니다.

아주 이른 시기의 인류인 오스트랄로피테쿠스의 화석을 연구해 보면 평균 수명이 11~12세밖에 안 되었다고 합니다. 지금 우리 주변의 개나 소와 비슷한 수명이었다고 할 수 있지요. 그런데 여성은 평균 8~9세에 첫아이를 낳고 보통 3~4년 뒤에 둘째를 낳았다고 합니다. 예를 들어 어떤 어미가 8세 때 아이 하나를 낳았다고 합시다. 그리고 3년 뒤에 또 한 명을 낳고 12세에 죽었다면, 어미가 죽었을 때 첫째 아이는 4세 정도, 둘째는 젖먹이일 것입니다. 아이들이

다 자라기까지 친부모가 살아 있을 가능성은 없습니다.

　이러한 환경에서 오스트랄로피테쿠스도 다른 포유 동물(알을 낳지 않고 새끼를 낳아 젖을 먹여 기르는 동물)처럼 새끼가 다 클 때까지 기르는 일을 오로지 친부모만이 책임져야 했다면, 혼자 살아갈 능력이 없는 고아들은 성년이 되기 전에 거의 죽을 수밖에 없었을 것입니다.

　아마 인류는 생겨난 지 얼마 되지도 않아 멸종했을 테고, 오늘날 우리도 존재하지 않았겠지요. 생각만 해도 아찔한 일입니다. 그러므로 오늘날 우리가 존재하는 것은 그 옛날 같이 어울려 사는 집단 공동체 전체가 아이를 다 같이 돌보았기 때문일 것입니다. 곧 자녀를 양육하는 것이 친부모만의 책임이 아니라 사회 전체의 책임이었던 것입니다.

　그렇다면 아마 공동체의 여성들은 자기 자식과 함께 남의 아이들까지 다 같이 돌보고, 그 사이에 남성들은 먹을 것을 구해 왔겠지요. 곧 성별에 따라 할 일을 나누어 함으로써 서로 도왔던 것입니다.

또 오스트랄로피테쿠스의 유적을 보면 공간을 잘 구분해 이용했음을 알 수 있습니다. 짐승 뼈나 조개 껍데기 같은 음식물 쓰레기, 도구를 만드는 재료와 만들고 남은 쓰레기를 두는 장소를 적절히 나누어 배치했습니다.

거의 원숭이에 가까웠던 시절부터 일을 같이 나누어 하기 시작했다면, 진정 인간은 시작 단계부터 사회적 동물이었다고 보는 것이 타당하지 않을까요?

성행위 양식의 변화

인간처럼 어느 정도 나이가 되면 언제 어느 때나 성행위를 할 수 있는 동물은 없다고 합니다. 다른 동물은 대개 1년의 어느 한 시기에 짝짓기 철을 맞아 그 때에만 암컷과 수컷이 새끼 만드는 일을 합니다.

살아남기 위해 공동 생활을 해야 했던 오스트랄로피테쿠스도 만약 다른 동물처럼 1년 중 특정 시기에만 새끼를 임신하고 낳을 수 있었다면, 밀림의 동물들이 그러하듯이 짝짓기를 해야 하는 특정 시기에 암컷을 차지하기 위해 수컷들이 치열한 경쟁을 벌여 서로 죽고 죽이는 일도 일어났을 것입니다. 그렇게 되면 그들의 사회 조직과 질서는 결국 무너져 버리고 그들의 생존 자체가 위험에 처했겠지요.

이런 사정으로 구석기 사람들은 아주 일찍부터 다른 동물과 달리 특정 시기만이 아니라 언제나 성행위를 할 수 있는 신체 구조를 갖게 되었다고 합니다. 이렇게 되자 사람은 아무하고나 짝짓기를 하지 않고 특정한 상대하고 좀더 자주 신체적으로, 성적으로 접촉하게 되었겠지요. 그리고 이러한 쌍 사이에 서로 좋아하는 감정이 싹텄을 것입니다. 이제 특정한 여성과 남성 사이의 유대 관계가 중요해지면서, 자연스럽게 원시적인 형태로나마 인간 사회 조직의 최소 단위인 가족이 생겨났으리라고 봅니다.

혼인

원시 시대 사람들이 어머니 혈통을 따랐는가, 아버지 혈통을 따랐는가 하는 문제는 현재 채집과 사냥을 하며 사는 부족들을 보고 짐작할 수밖에 없는데, 한마디로 어머니 혈통을 따르는 부족이 더 많았습니다.

따라서 구석기 시대에도 어머니 혈통을 따랐을 가능성이 높습니다. 무엇보다 아이를 낳는 사람은 어머니이기 때문에 어머니를 중심으로 가족이 이루어졌겠지요.

원시 사회에서는 지금보다 여성의 권한이 강했던 것은 분명합니다. 그렇다고 여성에게만 권한이 있었던 것은 아닙니다. 어머니가 집안을 대표하고, 자녀는 어머니 쪽 가족과 함께 살았습니다. 재산도 어머니가 딸에게 물려주었습니다. 아버지는 때때로 찾아올 뿐, 대개 자기 어머니 쪽 가족과 함께 살면서 자기 자녀가 아니라 누이의 아이들을 돌보았습니다. 아버지 대신 어머니의 오빠나 남동생이 함께 집안을 이끌었고, 집안 남자들은 누이의 아들(조카)에게 재산을 물려주었습니다.

사실 이 때는 물려줄 재산이란 것도 별로 대단치 않아, 그저 가족이 어머니를 중심으로 모여 평등하게 서로 도와 가며 살았다고 보는 게 옳을 터입니다.

어머니 혈통을 따르는 모계 사회에서는 부부라고 해서 같이 살지는 않았지만, 혼인은 구성원들 사이에 사회적 유대를 형성해 주었습니다. 그래서 혼인한 집안끼리는 어려운 일이 닥쳤을 때 서로 돕곤 했지요.

사촌 간에도 결혼을 했습니다. 오늘날에도 사냥과 채집으로 원시 생활을 하는 사회를 보면 약 6퍼센트 정도가 사촌 간의 결혼을 허용하고 있습니다. 구석기 시대에도 아마 그랬을 것입니다.

하지만 모계 사회에서 아버지 쪽 사촌은 다른 집안 사람입니다. 사람들은 다른 집안, 다른 집단에서 혼인할 상대를 찾아 새로운 혈통을 받아들임으로써 좀더 나은 자손을 낳기를 바랐습니다. 또 사람의 심리란 다른 집단 사람에게 더 호기심을 갖게 마련이지요. 아무튼 당시에는 혼인을 하는 데 특별히 규제가 까다롭지 않았을 것입니다.

구석기 사람들의 사회 조직

구석기 사람들은 자연에서 채집하고 사냥하는 것이 생활의 기본이었다고 했지요? 따라서 채집과 그날 그날의 생활을 효율적으로 꾸려 가는 것이 사회 생활에 매우 중요한 일과였을 것입니다. 그리고 사냥에는 대개 필요한 인원이 정해져 있으므로 아마 이것이 사회의 규모를 결정했음이 틀림없습니다. 연구에 따르면 대략 25명 정도가 함께 생활하는 한 무리를 이루었습니다. 이러한 작은 무리가 서로 혼인을 통해 더 큰 범위로 묶였을 때는 500명 정도가 되었지요.

25명도 안 되는 집단은 결코 자립해서 살아갈 수 없다고 합니다. 사냥을 제대로 할 수 없기 때문이지요. 그렇다고 이보다 훨씬 많으면? 채집할 거리나 사냥감이 쉽게 바닥나 자주 이동해야 하는 불편함이 생기지요. 따라서 25명이야말로 빙하기를 지나야 했던 구석기 시대의 혹독한 환경 변화를 견딜 수 있는 최소 단위 집단의 크기라 할 수 있겠습니다.

그리고 이러한 집단끼리 혼인을 통해 큰 집단을 이룹니다. 스위스의 인류학자 마르틴이 연구한 결과, 큰 집단의 크기는 적게는 175명에서 많게는 475명 사이라고 합니다. 실제로 475명 정도는 돼야 그 사이에서 서로 혼인을 하며 집단을 유지할 수 있다고 합니다.

작은 무리의 크기는 적게는 25명에서 많게는 75명까지라고 합니다. 최소 인원인 25명으로 구성된 집단을 오늘날의 시각으로 보면, 그 안에 다섯에서 일곱 가족 정도가 들어 있습니다. 따라서 이 가족들을 통솔할 지도자(우두머리)가 필요하겠지요? 여기서 지도자는 무슨 권력을 쥔 사람이 전혀 아닙니다. 다만 지역 사정에 가장 밝고, 경험이 많은 연장자를 뜻합니다. 혹 집단 안에서 다툼이 생기면 그것을 조정하는 사람이 지도자입니다. 나중에 청동기 시대에 이르면 계급이 생겨나는데, 이 때는 집단을 통솔하는 사람을 '지배자'라고 하지 지도자라고 하지 않는다는 사실, 기억해 두세요.

가족이 등장하기까지

당시 상황을 한번 상상해 볼까요? 어느덧 계절이 바뀌어 첫눈이 내립니다. 앞으로 몇 달 동안 겨울이 이어지겠지요. 겨울은 원시 사회의 사람들에게 매우 힘든 계절입니다. 이제 채집할 식물이 전에 비해 형편없이 줄어들고 말았습니다. 사냥감도 눈 씻고 찾으려야 찾을 수가 없습니다. 이러한 상황에서 50명이 몰려다니다간 모두 굶어죽기 십상이지요. 이 때 무리의 우두머리가 결단을 내립니다. 이제는 흩어져야 한다고. 그래서 무리는 작은 무리 대여섯으로 나뉘어 각자 살 길을 찾아 나섭니다. 이듬해 풍요로운 봄이 찾아오면 다시 만날 것을 약속하면서……

이 때 쪼개진 소집단이 바로 오늘날 가족의 규모에 해당합니다.

원래 무리에서 다 같이 어울려 지내던 사람들 중에서 한 어머니에게서 태어난 사람들끼리 소집단을 이루는 것이지요. 이들은 한겨울이 지나고 나면 다시 큰 무리로 합치지만 또 겨울이 찾아오면 다시 한 가족으로 갈라져 나옵니다. 무리 안에서 한 가족으로 묶였던 이들끼리 결속력이 훨씬 강했으리라는 점은 쉽게 짐작할 수 있지요. 또 가끔은 봄이 와도 다시 돌아오지 않는 소집단이 생기기도 합니다. 이들은 아마 멀리 이동해서 다른 큰 무리 속에 섞여 들어갔겠지요.

이런 관행이 수천 년 이어지면서 마침내 가족이라는 사회 단위가 형성된 것입니다. 가족이 생기면서 이제 사회는 새로운 세계인 신석기 시대로 들어섭니다.

언어는 언제 생겨났을까?

언어의 종류

인간이 사용하는 언어에는 기호를 통해 표시하는 언어와 상징을 통한 언어가 있습니다.

기호 언어란, 예를 들어 교통 신호와 같이 특정한 부호에 특정한 뜻을 부여해 그것들을 나열함으로써 의사 소통을 하는 것이라고 할 수 있습니다. 여러분이 건널목에서 신호등에 초록색 불이 들어오면 길을 건너는 것은, 초록색 불이 길을 건너라는 기호 언어임을 배워서 알기 때문입니다.

상징 언어란 사람의 말과 같이 목소리나 글자의 조합에 계속 상징적 의미를 부여해, 조합의 범위와 뜻을 무한대로 확대할 수 있는 언어입니다.

예를 들어 우리가 뭔가 먹을 것을 담는 도구를 '그릇'이라고 합니다. 그런데 물을 담는 그릇은 물잔, 술을 담는 그릇은 술잔, 밥을 담는 그릇은 공기, 반찬을 담는 그릇은 보시기라고 합니다. 곧 새로운 사물이 생길 때마다 이미 있는 소리와 글자를 가지고 조합해서 새로운 말을 얼마든지 만들어 낼 수 있습니다.

또 '초록색 불'이란 말을 봅시다. '초록색'이란 푸른 나뭇잎의 빛과 같은 색깔을 가리키고, '불'이란 활활 타는 존재이지요. 그런데 신호등의 초록색 불은 활활 타는 게 아니라 그냥 초록빛을 내는 등일 뿐입니다. 그런데 우리는 '초록색 불'이라고 말해도 그것이 푸른 신호등이란 뜻임을 압니다. '불'이란 말의 의미가 원래의 뜻에서 더 넓어진 것이지요.

상징 언어가 언제 생겨났는지는 명확하지 않습니다. 그나마 추측해 볼 수 있는 것은, 그것이 도구, 그리고 인간 사회의 발달과 궤적을 같이하고 있다는 점입니다. 왜냐 하면 언어는 음성을 재료로 사용하는 의사 전달 도구이기 때문이지요.

상징 언어, 곧 말은 언제 생겨났을까

구석기 사람들은 처음부터 공동 생활을 했습니다. 그렇게 협동해서 생활하려면 서로 자기 뜻을 전달하고, 남이 뜻하는 바를 알아들을 필요가 있습니다. 따라서 손짓, 발짓을 하거나 무슨 소리를 질러서 의사 소통을 했을 것입니다. 문제는 오늘날 우리가 쓰는 상징 언어, 곧 말이 언제 등장했는가 하는 점입니다.

사람이 쓰는 말의 기원을 알기란 대단히 어렵습니다. 녹음기가 있지도 않았던 시대에 입으로 하는 말이란 눈에 보이는 흔적을 전혀 남기지 않아, 우리는 역시 상상 속의 추리를 통해서 그 발명의 순간을 가늠해 볼 수 있을 뿐입니다.

말을 하는 것은 정신 능력과 밀접한 관련이 있습니다. 언어를 사용하게 되면서 인류의 뇌가 두개골에서 차지하는 용적도

원시 시대 사람들의 예술 작품
원시 시대 사람들이 바위에 새긴 그림을 바위 그림(암각화)이라고 한다. 아직 종이가 없었던 시절, 사람들은 바위에 꿈과 소망, 자연과 하늘에 공손히 절하는 마음을 그렸다. 울주 천전리의 바위 그림(위)과 고령 양전동의 바위 그림(아래)에서 동그라미를 몇 개씩 겹쳐 그린 동심원을 찾아보자. 동심원은 하늘의 태양을 그린 것일까?

급격히 커졌을 것입니다. 언어는 뇌의 작용이기 때문이지요.

어떤 학자들은 약 160만 년 전에 등장한 호모 에렉투스가 매우 수준 높은 집단 사냥 기술을 지녔으며, 그들의 두개골 화석에서 뇌의 형태와 기능을 짐작해 볼 때 말을 할 줄 알았으리라 봅니다. 반면에 100만 년도 넘는 긴 시간 동안 별다른 진보 없이 똑같은 도구만 만들어 쓴 점을 보아 호모 에렉투스는 지식을 배우고 전달할 수 있는 지적 능력이 없었고, 그렇다면 상징 언어를 구사할 줄 몰랐으리라고 주장하는 사람들도 있습니다.

어쨌든 우리 현대인의 조상인 호모 사피엔스는 여러 가지 다양한 석기를 아주 많이 만들 줄 알았습니다. 곧 자연에 존재하지 않는 도구를 머리 속에서 그려 내고, 그것을 현실로 만들어 내기 위해 무엇을 어떻게 해야 할지 모색하는 능력이 있었던 것입니다. 지금 눈에 보이는 것만 보고 이해하는 단계를 넘어서서, 눈에 보이는 것을 조합하고 해체해서 뭔가 새로운 것을 만드는 것, 그것이 바로 창조와 예술의 씨앗입니다.

예술이란 어떤 구체적인 문화의 맥락 속에서만 그 의미가 전달되고 이해될 수 있는 상징 행위로서, 고도로 발달한 두뇌의 사유 능력이 있어야 가능한 일이지요.

게다가 이 때부터 사람들은 죽음 뒤의 세계에

동굴 안에서 죽은 이를 장사 지낼 때는 고운 흙을 뿌리고 국화를 바치기도 했다.

대해 생각하기 시작했습니다. 이 때 사람들은 죽은 사람을 그냥 골짜기 깊숙한 곳에 던져 두지 않고, 무덤을 만들고 죽은 사람을 위해 꽃을 바치기까지 했습니다.

볼 수 없는 세계를 생각하고 감정을 표출하는 능력을 갖추었던 만큼, 구석기 시대 후기 단계를 살았던 호모 사피엔스는 당연히 상징 언어를 사용할 줄 알았겠지요.

몸짓 언어에서 말소리까지

원숭이들은 소리를 내어 감정을 표현하지만 낱말이 없습니다. 침팬지는 약 스무 가지 정도 되는 소리와 몸짓으로 감정을 표현합니다. 이것을 보면 아마 구석기 시대 사람들이 처음에 사용한 언어는 몸짓 언어였을 것입니다. 우리가 말이 안 통하면 손짓 발짓으로 표현하는 것과 같았겠지요. 우리는 곧잘 "그렇다"는 말 대신 그저 고개를 아래위로 끄덕이지요. 이것도 아주 오래 된 몸짓 언어일 수 있습니다.

자, 구석기 시대의 숲으로 들어가 볼까요? 동료들과 함께 수풀을 헤치며 사냥감을 찾던 중 한 사람이 바로 앞에 사슴이 있는 것을 발견합니다. 이 때 뒤에 따라오는 동료에게 알리기 위해서는 무언가 신호를 보내야 합니다. 둘 사이에는 사슴을 뜻하는 간단한 신호가 이미 약속되어 있습니다. 이것이 아주 초보적인 몸짓 언어이지요. 따라서 사냥 과정에서 많은 말이 만들어진 것 같습니다.

그러나 풀과 나무가 우거져 동료를 볼 수 없는 깊은 숲 속이나 밤중에는 어떻게 전달할까요? 이 때에는 몸짓이 아무 쓸모가 없습니다. 더구나 몸짓 언어는 구체적인 사물을 가리키는 데는 편리하지만, 조금만 추상적인 영역으로 옮아 가도 곧 한계를 드러냅니다. 오른팔이나 왼팔은 손끝으로 가리켜 나타낼 수 있지만 그냥 '팔'이란 뜻은 좀처럼 표현하기 쉽지 않습니다. 이 때 사용할 수 있는 전달 수단이 목소리입니다.

언어를 말하기 전에 인간의 목소리는 그저 동물의 외침 소리와 다르지 않았다고 합니다. 그러나 인간은 이제 몸짓으로 표현하던 수많은 사물을 목구멍에서 나오는 소리만으로 각기 구별해서 표현하려 했습니다. 생활 경험이 많이 쌓일수록 표현해야 할 종류는 몇 곱씩 늘어났습니다. 이 때 구석기 사람들은 머리가 터질 정도로 복잡해지지 않았을까요?

이 때 해결책은 뇌의 저장 용량을 늘리는 것이었겠지요. 언어 능력은 분명 대뇌 작용에 따릅니다. 인간의 뇌는 앞부분과 옆부분이 주로 발달하는데, 대뇌의 옆부분 한쪽이

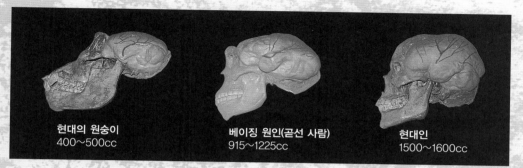

현대의 원숭이
400~500cc

베이징 원인(곧선 사람)
915~1225cc

현대인
1500~1600cc

두개골의 크기와 뇌의 용적을 견주어 보자.

언어를 담당하고 다른 한쪽은 지각과 운동을 담당한다고 합니다. 따라서 언어가 필요해지자 그 쪽 면의 뇌가 발달하고, 그러면서 인간의 언어 능력이 차츰 발달했지요.

인간과 가장 가까운 유인원인 침팬지의 뇌 용적은 500cc이고, 언어를 사용했을 것으로 짐작되는 네안데르탈 인의 뇌 용적은 1500cc입니다. 언어를 사용하기 위해서 얼마나 많은 뇌 저장고가 필요했는지 알 수 있겠지요?

일단 언어 체계를 발명하자, 인간의 손재주도 그 수준이 훌쩍훌쩍 높아지기 시작했습니다. 기술이 좋은 사람이 다른 사람을 가르치고, 또 여럿이 말로 의논하면서 더 좋은 도구를 만들게 되었겠지요. 신석기 시대의 정교한 석기들은 언어의 도움 없이는 만들 수 없었을 것입니다.

그리고 이러한 도구를 가지고 몰이 사냥을 하거나 식량을 나누고, 사회 조직을 만들면서 의사 소통이 더욱 필요해져 언어는 점점 더 발전했을 것입니다.

예술은 어떻게 생겨났을까?

인류는 생각하는 능력을 발전시켜 가면서 자신의 생각을 표현하기 위해 새로운 기호를 만들어 냈습니다. 그리고 조금은 마술적이면서도 종교적인 기호를 특정한 의식에 사용했습니다. 그 과정에서 예술이 등장했지요.

예술은 아름다움을 표현하려는 생각에서 생겨났는데, 모두 상징적으로 나타나는 것이 특징입니다. 예술 작품은 상당히 발달된 두뇌의 사고 능력이 있어야만 만들 수 있습니다.

후기 구석기 시대에는 이미 상징적인 뜻을 지닌 예술 작품을 만들기 시작했습니다. 자신들이 살았던 동굴 벽에 그림을 그리거나, 점토를 불에 구워서 임신한 비너스 상이나 동물 상을 만들었습니다. 체코슬로바키아에 있는 돌니 웨스토니체에서 출토된 흙인형은, 유럽에서 발견되는 구석기 시대의 상아로 만든 비너스와 거의 똑같은 커다란 유방과 허리를 갖고 있습니다.

우리 나라에서는 아직 동굴 벽에 물감으로 그리거나 바위에 새긴 그림은 발견되지 않았지만 동물 뼈에 새긴 예술품이 발견되었습니다. 충청 북도 제천 점말 용굴(Ⅳ층)의 털코뿔소 앞팔뼈에 눈과 입을 새긴 '사람 얼굴 모양', 청원 두루봉 9굴과 2굴에서 각기 사슴뼈에 새긴 '사람 얼굴 모양 조각품', 단양 수양개 유적의 소뼈에 새긴 '물고기 모양 예술품', 청원 두루봉 새굴의 큰꽃사슴 뿔에 쪼으기와 갈기로 다듬어 입을 벌린 '짐승 모양 치레걸이', 용곡 1호 동굴의 뼈로 만든 '짐승

후기 구석기에 만들어진 임신한 여인상
후기 구석기 문화는 이전의 석기 문화보다 엄청나게 발달해 조각 예술품을 남겨 놓았다.

얼굴 모양 조각품', 공주 석장리 집자리 층의 '물고기 머리 모양 조각품'
등이 구석기 시대의 예술품이라고 알려져 있습니다.

　또한 앞서 말한 바와 같이 구석기 시대 후기부터 사람들은 죽음 뒤의
세계에 대해서도 진지하게 생각하기 시작했습니다. 이제 사람들은 이전
처럼 죽은 사람을 그냥 골짜기에 던져 두지 않고, 무덤을 만들어 묻어 주
고 그의 명복을 빌며 꽃을 바치기도 했습니다. 이 모든 것은 사람의 생각
이 발전하면서 이루어진 결과입니다.

**후기 구석기 시대를
알 수 있는 동굴 벽화**

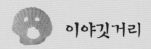

이야깃거리

우리 땅에는 언제부터 사람이 살기 시작했을까?

지금까지 보았듯이 인류의 기원지는 아프리카라고 할 수 있습니다. 초기 인류의 화석 대부분이 아프리카에서 발견되기 때문이지요.

아프리카의 자연 환경은 아주 먼 옛날부터 인간이 진화하는 데 적당한 조건을 갖추었습니다. 이 곳에서 나타난 사람들이 빙하기를 거치면서, 적도 부근만 남겨 놓고 지구를 거의 뒤덮었던 빙하가 조금씩 남극과 북극 양쪽을 향해 물러날 때마다 점차 남쪽 또는 북쪽으로 이동하여 지구 전역에 흩어지게 되었다고들 하지요.

그런데 북한의 고고학자들은 구석기 사람이 처음부터 한반도에서도 생겨났다고 주장합니다. 과연 그럴까요?

그들의 주장처럼 후기 구석기 시대 사람들이 현재 한국인의 직접적인 조상이라고 보는 것은 너무도 단순한 생각입니다. 수만 년 세월을 거치는 동안 하나의 인종이 홀로 진화해 온 결과 한국인이 출현했다는 것은 생각하기 어려운 일이지요.

한반도는 후기 구석기 기간 동안 바다 수면이 내려가 중국과 연결된 대륙의 일부였습니다. 따라서 사람들이 끊임없이 이동했을 테고, 사람 몸 속에 있는 유전자가 섞이는 일도 계속해서 일어났을 것입니다. 물론 지역에 따라 고유의 특성이 조금 남아 있을 가능성은 있었겠지요.

한반도를 무대로 우리 조상이 원숭이와 공통되는 조상 단계를 거쳐 현재의 우리에 이르기까지 자체적으로 진화 과정을 밟아 왔다면 그것을 증명할 만한 구체적인 증거가 있어야 합니다. 그러나 아직 우리 땅에서는 호모 에렉투스나 호모 하빌리스의 뼈가 발견된 적이 없습니다. 심지어 구석기 시대 전기의 유적으로 알려진 북한의 상원 검은모루 유적, 남한의 연천 전곡리 유적, 공주 석장리 유적도 꼭 전기의 것으로 볼 수는 없다는 반론이 만만치 않게 나오는 실정입니다.

　　그렇다면 우리 땅에는 언제부터 사람이 살게 되었을까요?

　　우리 땅에서 발견된 동굴 유적 가운데 가장 연대가 올라가는 유적을 찾으면 금방 알 수 있겠지요.

　　현재로서는 북한의 덕천에서 유골이 발굴된 덕천 사람과 평양시 역포구역 대현동에서 유골이 발견된 역포 아이가 가장 오래 된 조상의 흔적이라고 할 수 있습니다. 둘 다 호모 사피엔스로 추정되어 구석기 시대 중기, 곧 대략 10만 년 전에 살았던 사람들입니다. 이들보다 더 먼저 살았던 사람들에 대해서는 지금 잘 알지 못합니다.

　　동아시아에서 가장 이른 단계의 구석기 사람은 약 70만~20만 년 전에 살았던 베이징 원인입니다. 베이징 원인은 호모 에렉투스로, 당시에는 이미 동아시아에 호모 에렉투스가 널리 퍼져 살았던 것으로 판단됩니다.

　　따라서 우리 땅에서도 호모 에렉투스의 뼈가 발견될 가능성은 대단히 높다고 하겠습니다.

■ 구석기 유적 지도

함경 북도 동관진

함경 북도 웅기(현재 ...
굴포리 서포항

함경 북도 화대 장덕리

평안 남도 덕천 승리산 동굴

평양 만달리·대현동

평양 화천리

평양 상원 검은모루 동굴

평양 용곡리 동굴

경기도 연천 전곡리

강원도 양구 상무룡리

남계리

계월리

강원도 강릉 심곡리

원당리

주월리

강원도 홍천 하화계리

금파리

충청 북도 단양 상시리

경기도 양평 병산리

충청 북도 단양 구낭굴

단양 금굴

단양 수양개

충청 남도 공주 석장리

충청 북도 청원 두루봉 동굴

경상 남도 거창 임불리

경상 남도 밀양 고례리

전라 남도 순천 죽내리

경상 남도 진주 내촌리

제주도 빌레못 동굴

■ 신석기 유적 지도

함경 북도 회령 오동
함경 북도 무산 범의구석
함경 북도 웅기(현재 선봉군) 굴포리 서포항
함경 북도 청진 농포동
평안 북도 의주 미송리
평안 북도 용천 신암리
평양 청호리
남포 용강 궁산리
평양 금탄리
황해 북도 봉산 지탑리
강원도 양양 오산리
강원도 춘천 교동
서울 암사동
경기도 부천 시도
경기도 하남 미사리(현재 미사동)
경기도 시흥 오이도
경상 북도 울진 후포리
경상 북도 금릉 송죽리
전라 북도 부안 계화도
경상 남도 거창 임불리
경상 남도 김해 수가리
울산시 울주 신암리
부산시 조도
통영 상노대도
부산시 동삼동
전라 남도 무안 대흑산도
경상 남도 통영 연대도
통영 욕지도
제주도 고산리

중석기 시대

구석기 시대와 신석기 시대 사이에 해당하는 시기를 흔히 중석기 시대라고 한다. 중석기 시대는 대체로 지금부터 1만 년 전쯤 시작한 것으로 본다. 그 무렵 추웠던 기후가 풀리면서 빙하가 차츰 물러나고, 북서유럽에서는 순록 떼가 북쪽으로 이동하고, 동아시아에서는 털코끼리가 북으로 이동하는 현상이 나타난다.

환경이 서서히 변하면서 사냥과 고기잡이 활동에도 변화가 왔다. 이제 이전 구석기 시대를 주름잡던 큰 짐승 대신 물고기, 새, 작은 짐승 들이 많아지고, 창과 활 같은 던지고 쏘는 사냥 도구와 좀돌날을 이용한 작살과 미늘 등의 도구가 많이 사용되었다. 석기 형태는 작은 세모꼴, 마름모꼴 석기를 주로 사용하게 된다. 작은 석기를 쓰면서 활과 화살을 이용한 사냥이 본격적으로 시작되었다. 또 야생 식물 채집 활동이 활발해지며, 조개를 비롯해 바다에서 나는 자원을 활용하는 정도가 높아지기 시작한다.

그런데 우리 땅에도 중석기 시대가 있었을까? 이 문제를 놓고 학자들이 아직 많은 논란을 벌이고 있다. 최근 공주 석장리 유적 맨 위층을 중석기 시대 유적으로 볼 수 있다는 주장이 나와 주목을 받았다. 홍천 하화계리, 거창 임불리, 통영 상노대도 유적 맨 아래층과 북한의 부포리, 지경동, 평양 만달리 등에서 좁은돌날몸돌이 나온 것으로 보아 우리 땅에도 중석기 시대가 있었을 가능성은 높다. 또 승주 금평리, 거창 임불리와 부포리, 대전 사수리, 단양 금굴(5문화층)도 출토 유물로 보아 중석기 시대의 유적지로 추정하고 있다.

뒤에 이야기하겠지만, 제주도 고산리 유적은 서기전 1만 년 전(학계에서는 서기전 8000년으로 의견을 정리함)까지 올라가는 질그릇이 나왔고, 화살촉 1700여 점, 뾰족한 잔석기 40여 점 등 많은 사냥 도구가 확인되어 중석기 시대에서 신석기 시대로 넘어가는 단계의 유적이라 할 수 있다.

4

자연에서 인공의 세계로

신석기 혁명

떠돌이 생활 끝, 정착 생활을 시작하다

사람들이 돌을 갈아 만든 간석기와 흙을 빚어 구운 질그릇(토기)을 쓰게 된 때부터 신석기 시대라고 합니다. 구석기 시대의 뗀석기보다 훨씬 새로워진 석기를 사용한 시대라는 뜻이지요.

현생 인류와 같은 사람들이 지금과 비슷한 환경에서 살았던 신석기 시대는 약 1만 년 전부터 시작되었다고 알려졌습니다. 이 시대로 들어오면서 사람들은 한 곳에 정착하여 생활하기 시작했으며, 일부 지역에서는 농경과 목축도 하였습니다. 아울러 사냥과 고기잡이 기술이 급속도로 발전하기 시작합니다.

이 때부터 사람들은 자연이 주는 선물을 그냥 받기만 하지 않고, 자연을 이용하기 시작합니다. 전에는 나무나 풀의 열매를 찾아 이리저리 헤매 다녔다면, 이제는 마을 근처에 씨앗을 뿌려 그 열매를 거두기 시작했습니다. 농사를 짓기 시작한 것입니다.

자연에서 뭔가를 끌어내어 그것에 인간의 힘을 더해 스스로 먹을 것을 만들어 낸 일은 아주 엄청난 사건입니다. 농사를 짓기 시작하면서 이제야 비로소 새로운 세계가 열린 것이지요.

1만 년 전쯤, 지구상에는 질그릇을 만들어 쓸 줄은 알지만 아직 뗀석기를 사용하며, 농사를 짓지 않고 사냥과 채집 단계에 머물렀던 집단이 있었습니다. 그렇습니다. 바로 중석기 시대 사회라고 부르지요. 이처럼 질그릇과 간석기를 사용하고, 농사를 지을 줄 알았는가 하는 점이 앞 시대와 신석기 시대를 구분하는 매우 중요한 기준이 됩니다.

질그릇 사용과 정착 생활은 어느 것이 먼저라고 할 수 없을 정도로 밀접한 관련을 맺으면서 발생했습니다. 질그릇 사용이 정착 생활을 더욱 안정되게 도와 주는 도구였다는 점은 틀림없는 사실이며, 나아가 정착 생활은 식량 생산과 가축 사육을 촉진시켰지요. 또 잦은 이동으로 낙오되기 쉬웠던 아이들이나 노인들이 보호받을 수 있어 일정한 집단을 안정적으로 유지하는 데 도움이 되었습니다.

농사를 짓게 되면서 사람들은 이리저리 자주 옮겨 다닐 필요가 없어졌습니다. 씨를 뿌리고 곡식을 거두기 위해서는 1년 단위로 생활해야 했고(봄에 씨 뿌리고 여름에 김매고 가을에 수확하고 다시 봄을 기다려 씨 뿌리고), 생활 무대가 밭과 그 근방으로 고정되었습니다. 이제 이동하지 않고 한 곳에 정착해 살게 되었지요.

그러나 사냥하고 채집하고 물고기 잡던 사람들이 모두 다 같이 농사를 짓게 된 것은 아닙니다. 또 그 중 농사를 짓는 사람들만 정착 생활을 한 것도 아닙니다.

주변 환경이 풍요로워 굳이 농사를 짓지 않아도 마을 근처에서 언제라도 먹을 거리를 구할 수 있다면, 이리저리 옮아 다니지 않고 한 곳에 마을을 이루어 정착할 수 있었습니다. 그런 경우에는 주변에서 먹을 거리를 모아서 마을로 가지고 오는 방식으로 채집과 수렵(사냥) 생활을 했습니다.

아프리카의 부시맨들은 주변이 농사를 지을 수 있는 환경인데도 사냥과 채집만으로도 필요한 영양분을 얻을 수 있어, 그렇게 힘들이지 않고 여가 생활까지 하면서 산답니다. 실제로 우리 땅의 신석기

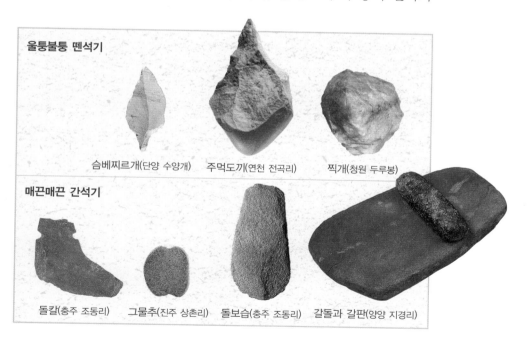

울퉁불퉁 뗀석기

슴베찌르개(단양 수양개)　　주먹도끼(연천 전곡리)　　찍개(청원 두루봉)

매끈매끈 간석기

돌칼(충주 조동리)　　그물추(진주 상촌리)　　돌보습(충주 조동리)　　갈돌과 갈판(양양 지경리)

신석기 혁명이란?

영국의 고고학자 고든 차일드는, 인류가 신석기 시대에 농경을 시작하면서 정착 생활을 하게 됨으로써 생활에 엄청난 변화가 일어난 사실이 매우 중요하다고 생각했다. 한 곳에 자리 잡고 살면서 근처에서 자라나는 식물을 관찰하여 재배하고, 질그릇을 발명하여 곡식을 저장하고 조리할 줄 알게 되다니, 이건 인류가 처음으로 일으킨 혁명이라고 할 수 있었다. 그래서 고든 차일드는 이러한 변화에 '신석기 혁명'이라는 이름을 붙였다.

혁명이란 그 동안 따르던 관습이나 제도를 완전히 뒤집어엎고 질적으로 새로운 단계에 접어드는 것을 말한다. 한 지역에 머무르면서 새로운 산물을 생산하고 소비하는 생활이야말로, 먹이를 찾아 이동하던 이전 생활과는 완전히 다른 생활이라 할 수 있다. 인간은 자연을 약탈만 하던 존재였지만, 이제 자연을 이용하여 새로운 것을 창조하는 생활을 하게 되었다.

시대 사람들도 처음에는 농사를 짓지 않았지만 어느 정도 정착 생활을 한 것으로 보입니다.

그러니까 전에 뗀석기를 사용하고 사냥과 채집을 하며 떠돌아다니던 사람들이, 갑자기 동시에 간석기와 질그릇을 사용하고 정착해 농사를 짓게 되지는 않았다는 말이지요. 변화는 서서히 불규칙하게 일어나는 법이지요.

한 곳에 터를 잡고 살면 이동하며 생활하던 때와는 여러 면에서 달라지겠지요? 먼저 동굴에서 나와 평지에 집을 짓고, 집 안에 곡식 씨앗이나 추수한 알곡을 담아 둘 곳도 만들었어요. 질그릇을 둘 자리와 장작 쌓을 곳도 정해 놓고요. 집의 형태와 구조가 달라진 것입니다.

그리고 한 곳에 정착하니 차분히 앉아서 석기를 만드는 기술을 연마할 여유도 전보다 많아졌어요. 석기를 만드는 기술은 더욱 섬세해져, 이제는 돌의 거친 면을 갈아 내고 매끈하게 다듬은 간석기를 만들어 냅니다. 흙으로 그릇을 빚어서 먹을 거리를 담아 두거나 음식을 조리하는 데 쓸 줄 알게 된 것도 놀라운 일입니다. 사람들은 필요에 따라 여러 가지 모양새로 간석기와 질그릇을 만들어 삶의 도구가 풍요로워졌답니다.

신석기 시대 우리 땅의 자연 환경

숲이 달라졌다!

이 무렵에는 빙하기가 끝나 기온이 점차 따뜻해졌고, 따뜻한 기후에 맞게 자연 환경도 달라졌습니다. 한반도의 남쪽 지방부터 서서히 침엽수가 줄어들고 활엽수가 많아졌습니다. 활엽수 중에서도 남쪽의 더 더운 곳에 자라는 활엽수는 사철 푸른 경우가 많고, 북쪽으로 올라올수록 가을에 이파리가 뚝뚝 떨어지는 종류가 많아집니다. 사철

생물 분류 단계표로 보는 참나무, 소나무, 사람

종	갈참나무 상수리나무 신갈나무	소나무 곰솔 잣나무	사람 (호모 사피엔스)
속	참나무	소나무	사람
과	참나무	소나무	사람
목	참나무	구과식물	영장
강	이판화군	양치식물	포유
문	쌍떡잎식물	관다발식물	척색동물
계	식물		동물

푸른 활엽수는 상록 활엽수, 가을에 이파리가 지는 활엽수는 낙엽 활엽수라고 합니다.

그리하여 오늘날에도 우리 나라의 제주도와 남해안 일대에는 상록 활엽수가 자라고, 중부 지방을 중심으로 나머지 지역에서는 낙엽 활엽수와 침엽수가 섞여 자랍니다.

시간이 흐르면서 우리 땅의 나무들은 활엽수인 참나무 속과 침엽수인 소나무 속이 경쟁하는 관계로 변해 갑니다. 대체로 한반도 중부 지방은 지금부터 4000년 전까지는 참나무 속이 우세했고, 그 뒤에는 소나무 속이 우세해집니다. 4000년 이전에 참나무 속이 우세했다는 것은, 신석기 시대에 대부분 기후가 따뜻해 침엽수보다 낙엽 활엽수가 훨씬 더 많았다는 뜻이지요.

참나무 속은 뭐고 소나무 속은 뭐냐구요? '속'이란 생물을 분류하는 단계 중 하나인데, 예를 들어 갈참나무, 상수리나무, 신갈나무 같은 나무를 한데 묶어 참나무 속이라고 합니다. 소나무, 잣나무 같은 것은 소나무 속에 속하지요. 왼쪽의 생물 분류 단계표를 보면 이해하기 쉬울 거예요.

남해안 지방은 중부 지방보다 따뜻해 1만 년 전부터 5000년 전까지 참나무 속의 나무가 울창한 가운데 버드나무, 호두나무, 개암나무, 느릅나무, 자작나무와 같은 활엽수가 많이 자랐다고 합니다. 그리고 중부 지방이 좀 추워진 뒤에도 남해안의 기후는 온대이면서 따뜻한 해류(바닷물의 흐름)의 영향을 받아 온난대 기후에 속하게 되지요.

먹을 거리도 변했다

환경이 달라지자 새로운 숲에 적응한 새로운 동물이 숲의 주인으로 등장합니다.

빙하기의 추운 기후에 적응해 살던 동물들, 곧 매머드나 순록은 빙하가 녹을 만큼 따뜻해지자 얼음이 남은 북극 쪽으로 물러가거나 아예 사라지고 맙니다. 이제 따뜻한 기후가 되면서 몸집이 작은 동물들이 숲을 차지합니다. 오늘날에도 볼 수 있는 사슴이나 멧돼지, 늑대, 여우, 너구리, 오소리 같은 동물들이지요.

사람들도 역시 새로운 환경에 적응했습니다. 이들은 숲에서 얻을 수 있는 갖가지 나무 열매나 뿌리를 계속 먹으면서, 덩치가 작아진 동물들을 사냥했습니다.

우리 땅의 신석기 사람들은 도토리나 밤 같은 참나무 종류의 열매를 많이 먹었습니다. 도토리는 탄수화물을 보충하는 중요한 음식이었어요. 그리고 사냥은 사슴을 가장 많이 했고, 그 다음은 멧돼지였습니다.

또한 빙하가 녹아 바닷물 수위가 높아지다가 어느 수준에 이르러 그 높이가 안정되자, 바다는 인간 생활에 성큼 다가섰습니다. 바다에서 물고기나 고래를 잡기도 했고, 서해안에서는 밀물과 썰물이 되풀이되어 썰물이 쫙 빠지면 갯벌에서 조개를 얼마든지 잡을 수 있었습니다. 굴은 가장 흔히 얻을 수 있는 양식이었지요.

서해와 남해의 바닷가 땅과 섬에서는 신석기 시대 사람들이 오랜 시간에 걸쳐 조개 껍데기를 한데 쌓아 놓은 더미가 흙 속에 파묻힌 채로 많이 발견되었습니다. 그런 것을 조개무지라고 합니다. 사람들이 조개를 먹고 그 껍데기를 한군데 지정된 장소에다 버린 것일까요? 오늘날 우리가 쓰레기를 아무 데나 버리지 않고 한군데로 모으듯이 신석기 사람들도 그랬다니, 참 의식 수준이 높았던 것 같지요? 하지만 조개

**암사동에서 발견된
도토리 화석**

무지는 단순한 쓰레기 더미가 아닐지도 모릅니다. 이에 대해서는 조금 있다가 이야기하겠습니다.

또 낚시와 그물을 가지고 물고기를 잡았는데, 바닷가의 조개무지 유적에서 도미, 농어, 대구, 복, 민어 따위의 뼈가 많이 나오는 것으로 보아 주로 이런 생선을 잡았음을 알 수 있습니다. 물개나 바다사자 같은 바다의 포유류(젖먹이 동물)도 작살을 써서 사냥했고요.

도토리는 우리의 밥

식물 자원은 다양하고 풍요로웠지만 사람들이 가장 손쉽게 얻을 수 있는 것은 참나뭇과 나무의 열매인 도토리였습니다. 우리 땅에 터 잡고 살아온 참나뭇과 나무로는 신갈나무, 떡갈나무, 갈참나무, 졸참나무 들이 있습니다. 오늘날 강원도 양양 오산리, 서울 암사동, 하남 미사리, 평양 남경, 창녕 비봉리, 울산 세죽 유적 등 한반도 이곳저곳에서 발견되는 신석기 유적에서 도토리 화석이 곧잘 나옵니다.

특히 울산 세죽 유적에서는 도토리 저장 구덩이가 많이 나왔는데, 이는 오늘날 우리에게 쌀밥이 주식이듯 신석기 사람들에겐 도토리가 주식이었을 가능성이 높다는 증거입니다.

그런데 도토리는 인간이 성장하는 데 필수 요소인 탄수화물을 듬뿍 담고 있기는 하지만 떫은맛이 나는 것이 흠입니다. 신석기 사람들이 아무리 먹성이 좋았다 해도 그냥 먹기는 힘들었겠지요. 우리 속담에 "개밥에 도토리"라는 말이 있습니다. 아무거나 잘 먹는 개도 밥에 도토리가 섞여 있으면 그것만은 먹지 않고 남기기 때문에 생겨난 속담이지요.

신석기 사람들은 어떻게 이 떫은맛을 없앴을까요? 그들이 글을 남기지 않아서 정확한 방법을 알 수는 없습니다. 하지만 오늘날 도토리로 묵을 만들 때 떫은맛을 우려 내는 방법을 보면, 신석기 사람들이 어떻게 했을지 어렴풋이 짐작할 수 있습니다.

도토리에서 떫은맛을 없애는 방법은 의외로 간단합니다. 도토리를 잘게 부수어 가루로 만든 다음 물에 담가 둡니다. 그리고 물을 몇 번 갈아 주면 떫은맛은 완전히 빠져 나갑니다. 그 다음에 날것으로 먹어도 되고 익혀서 먹어도 됩니다.

도토리는 두꺼운 껍데기로 둘러싸여 있고 속살도 딱딱한 편이라, 서늘한 곳에 잘 두면 꽤 오랫동안 상하지 않는 장점이 있습니다. 신석기 사람들은 이 도토리를 주식으로 삼아 험난한 원시 시대를 살았던 것입니다.

생산, 자연에서 인공의 세계로

갈아서 만든 석기

신석기 사람들의 생활 방식은 추운 기후에 커다란 동물을 주로 사냥했던 후기 구석기 시대와는 많이 달랐습니다. 구석기 시대부터 오랜 세월이 흐르는 동안 사람들은 삶의 지혜가 많아지고 새로운 생활에 필요한 기술도 개발했습니다. 특히 돌을 갈아서 매끈한 도끼나 괭이, 심지어는 대패와 칼 같은 여러 가지 쓸모 있는 간석기를 만들어 활용했습니다.

신석기 시대를 대표하는 특징 가운데 하나는 바로 간석기를 사용했다는 점이라고 했지요? 돌을 갈았더니 전보다 날카롭고 단단한 날을 얻을 수 있었고, 또 석기를 만드는 일도 훨씬 효과적으로 할 수 있었습니다. 구석기 시대의 뗀석기는 날이 무디어지면 다시 본디 모양대로 만들기 어려웠지만, 간석기는 다시 갈아서 원 상태로 만들 수 있었습니다.

처음에는 전체적으로 몸돌의 둘레를 떼어 내어 만들고자 하는 모양을 대충 만든 뒤, 날이 될 부분만 갈았습니다. 돌도끼를 바로 그렇게 만들었지요. 그러다가 날을 세울 뿐 아니라 돌을 잘라 내거나 구멍을 뚫을 때도 가는 방법을 썼습니다. 그리고 점점 석기의 표면 전체를 매끈하게 갈게 되었지요.

이렇게 만들어진 간석기는 그 쓰임새에 따라 농경용, 공구용, 사냥용, 고기잡이용 등 몇 가지로 구분할 수 있습니다.

모여라, 간석기!

누군가 뗀석기와 뗀석기를 마주 대고 비비기 시작했습니다. 어, 돌
가루가 떨어지면서 울퉁불퉁했던 부분이 갈려 나갔습니다. 가공과
재창조의 순간. 인간은 이제 도구의 기능만이 아니라 모양새에도
신경을 쓰게 되었습니다.

▎농기구 ▎

돌괭이

돌보습

곰배괭이

갈판과 갈돌
갈판에 곡식의 낟알을 놓고
갈돌을 문질러 껍질을 벗긴다.

돌낫

반달 돌칼
손에 쥐고 둥근 날로 곡식의
이삭을 딴다.

▎공구 ▎

송곳
가장 긴 것의 길이
13.1센티미터.

숫돌
간석기를 만들기 위해
돌을 가는 데 쓰는 석기.

돌도끼
돌로 만든 도끼 날에 나
무 자루를 붙들어 매어
사용했다.

돌톱

돌칼

▎사냥 도구 ▎ 돌화살촉

▎고기잡이 도구 ▎

그물추
그물 아랫부분에 매달면 그물이
물 속에서 중심을 잡을 수 있다.

농경 용구로는 땅을 파고 고랑을 만드는 데 필요한 돌괭이, 돌보습, 곰배괭이, 삽이 있습니다. 곡식이 무르익어 수확할 때가 되면 반달돌칼과 돌낫으로 베고, 낟알 곡식은 갈판 위에 놓고 갈돌로 갈아 껍질을 벗겨 보관해 두거나 조리해 먹었습니다. 공구로는 돌칼, 돌도끼, 돌끌, 돌톱이 있습니다. 물건을 자르기 위해 톱도 사용했다니 생각보다 다양한 도구를 사용했음을 알 수 있습니다.

또 사냥할 때는 구석기 시대와 같이 돌촉을 단 창도 썼지만, 활과 돌화살촉을 매단 화살을 개발하여 맹수 사냥을 전보다 더 잘 할 수 있게 되었습니다. 활시위를 당겨 화살을 쏘면 꽤 멀리 있는 짐승도 잡을 수 있으니까요. 활은 정말 획기적인 발명품이라고 할 수 있습니다.

고기잡이 도구로는 그물추가 있습니다. 고기를 잡는 그물 아랫부분에 돌로 만든 그물추를 매달아 물 속에서 그물이 들뜨지 않게 했답니다. 그러니까 그물추를 사용했다는 것은 실을 가지고 그물을 만들 줄도 알았다는 이야기입니다.

정착 생활을 가능하게 해 준 고기잡이

신석기 시대에 바닷물 수위가 높아져 바다가 성큼 가까이 다가오자, 사람들은 바닷가에 터를 잡고 생활했습니다. 풍요로운 바다와 친해지니 사람들이 물고기를 잡는 기술도 여러 가지로 발달했습니다.

신석기 사람들은 타고난 어부들이었습니다. 구석기 시대만 해도 사람들은 물을 두려워했습니다. 하지만 이제 사람들은 삶의 터전을 물가로 옮겼습니다.

사람들이 바닷가가 아닌 강가로 옮겨 터를 잡은 경우, 그 까닭은 주로 농경 때문이었습니다. 농사를 지을 때는 반드시 물이 필요하기

낚시

작살

때문이지요. 하지만 물에는 단백질을 얻을 수 있는 물고기가 있다는 것도 한 가지 이유였을 것입니다. 그 때 사람들이 단백질이란 말은 몰랐어도, 물고기가 아주 맛있고 영양이 풍부하다는 사실은 체험으로 알았겠지요. 게다가 우리 땅의 신석기 사람들은 고기잡이를 먼저 시작했고, 농사는 나중에 가서야 지었습니다.

　부산 동삼동에서 발견된 조개무지 유적에서는 상어, 다랑어, 참돔의 뼈가 출토되었고, 다른 유적에서도 수십 종이 넘는 물고기 흔적이 발견되었습니다. 다랑어라면 지금은 먼 바다에 나가야 잡히는 고기인데, 신석기 사람들은 바닷가에서 어렵지 않게 잡아먹었던 모양

나무 막대로 물 표면을 때려
물고기를 그물 쪽으로 몬다.

그물

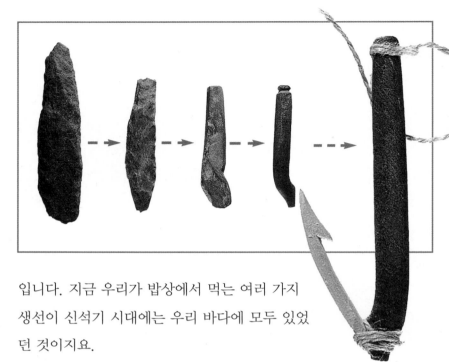

결합식 낚싯바늘
거친 돌을 깨고 갈아서 매
끈하게 다듬어 바늘 기둥으
로 삼고, 동물 뼈를 갈아
만든 미늘을 끈으로 엮는
다.(복원품 길이 9.4센티미터)

입니다. 지금 우리가 밥상에서 먹는 여러 가지
생선이 신석기 시대에는 우리 바다에 모두 있었
던 것이지요.

신석기 시대의 주요한 생산 활동이었던 고기잡이를
하기 위해서는 다양한 연장이 필요했습니다. 물고기를 잡는 가장 쉬
운 방법은 작살을 사용하는 것입니다. 짐승 뼈나 나뭇가지 끝을 뾰족
하게 깎아 만든 작살을 들고 물에 들어가 조용히 기다립니다. 물고기
가 가까이 올 때까지 기다리다 일순간 물고기를 향해 작살을 내려찍
습니다. 아주 단순하지만 눈이 밝고 손놀림이 민첩해야 하는 사냥법
이지요.

인간의 지능은 여기서도 위력을 발휘합니다. 낚싯바늘을 발명한 것
입니다. 미끼로 물고기를 한껏 유인해 물고기가 미끼를 입에 물 찰나
에 낚아채면, 훨씬 수월하게 물고기를 잡을 수 있습니다. 낚시하는 법
을 개발한 것은 고기잡이 분야의 혁명이라 할 만합니다.

하지만 돌을 깎아 오늘날과 같이 완벽한 낚싯바늘을 만들기에는 아직 기술 수준이 낮았습니다. 그래서 바늘의 기둥 부분은 돌을 갈아서 만들고 날카로운 미늘 부분은 동물의 뼈를 갈아서 만든 다음, 두 조각을 끈으로 묶어서 한 벌로 만들었습니다. 이것을 결합식 낚싯바늘이라고 합니다.

신석기 시대의 유적을 발굴하던 사람들은 흙 속에서 평범한 돌덩이가 몇 개씩이나 나오는 걸 보았습니다. 그냥 땅 속에 묻혀 있던 돌멩이일까요? 돌도끼도 아니고 돌칼도 아닌데, 이게 대체 무엇일까? 아니, 그런데 양 끝에 홈이 보입니다. 끈을 묶었던 자리입니다. 바로 그물 끝에 매달았던 그물추였습니다.

낚시로는 물고기를 한 마리씩 낚아 올릴 수밖에 없습니다. 사람들은 한꺼번에 많은 고기를 잡을 수 있는 방법을 개발했습니다. 이미 식물의 줄기에서 섬유질을 뽑아 내어 실을 잣는 방법을 개발한 신석기 사람들은 섬유질을 꼬아 만든 끈을 엮어 그물을 만들었습니다. 식물 섬유는 금방 썩기 때문에 오늘날 신석기 시대의 그물은 남아 있지 않습니다. 하지만 그물추로 미루어 신석기 사람들이 그물을 가지고 물고기를 대량으로 잡았다는 사실을 알 수 있습니다.

조개와 굴

해산물 가운데 조개는 잡아도 잡아도 계속 개펄 위로 나와 주었습니다. 고기를 못 잡은 날도 조개는 먹을 수 있었으니, 신석기 사람들이 정착 생활을 한 데는 농경뿐 아니라 조개의 공도 크다 하겠습니다.

조개 껍데기가 쌓이고 흙과 뒤섞여 언덕을 이룬 조개무지는 바닷가뿐 아니라 경상 남도 웅천이나 양산 같은 내륙 지방에서도 발견되었습니다. 예전에는 이 곳들도 바닷가였을까요? 그렇다면 세월이 흐르면서 바다가 멀어진 셈입니다.

남해안 조개무지 유적에서는 수십 가지 조개류의 껍데기가 나오는데, 그 가운데 굴이 가장 많습니다. 비타민과 칼슘을 많이 함유해 요즘 시장에서 비싸게 사야 하는 굴을 신석기 사람들은 매일 먹으며 살았답니다.

농경, 한 알 심으면 수십 알이

현재 지구상에 사는 인구는 60억 명을 넘어섰습니다. 서기전 8000년 무렵, 그러니까 지금부터 1만 년쯤 전에 지구의 인구는 대략 400만 명 정도였을 것으로 추정됩니다. 이 때부터 인구가 폭발적으로 늘어나기 시작했습니다. 도대체 무슨 일이 일어났을까요? 바로 농경이 탄생한 것입니다.

농사를 지으니 그 동안 산과 숲에서 캐고 주워 모으던 것과는 비교도 안 되게 많은 양을 수확할 수 있었습니다. 그 동안 먹을 것이 모자라고 영양이 부족해 많은 사람이 죽어 갔는데, 이제는 채집, 사냥, 고기잡이에 농사까지 지으니 식량을 얻는 방법이 늘어난데다 수수·조·콩 같은 곡식은 한 알을 심으면 수십 알을 거둘 수 있었습니다. 그래서 사람들은 곡식을 거두면 다 먹어 버리지 않고 다음 해 농사를 위해 씨앗을 남겨 둘 줄도 알게 되었습니다. 또 마을에서 쓸 일이 있을 때를 대비해 곡식을 모아 두는 곳간도 지었고요.

만약 인류가 농사 짓는 법을 깨우치지 않고 자연에서 먹을 거리를 찾는 삶을 계속해 왔다면, 아직도 지구상의 인구는 400만 명 언저리에서 크게 벗어나지 않았을 것입니다. 자연계의 생물은 식량을 얼마나 확보할 수 있느냐에 따라 그 수가 정해지니까요.

인류는 지금까지 몇 차례 커다란 변화를 경험했습니다. 17~18세기에 유럽에서 시작된 산업 혁명도 그 중 하나인데, 신석기 사람들의 농업 혁명은 산업 혁명보다 더 인류의 삶을 근본적으로 바꾼 대변혁이었습니다. 현재 이라크 북부에 있는 카림샤히르 유적에서 서기전 8000년 무렵의 것으로 보이는 곡식 낟알이 발견되었는데, 이것이 세계에서 가장 오래 된 농경의 흔적입니다.

한반도에서 농경이 시작된 시기는 대략 서기전 4000년 무렵입니다. 황해 북도 봉산군 지탑리 유적에서 신석기 시대의 탄화(121쪽 참고)한 곡식 낟알이 발견되었는데, 피 아니면 조로 보입니다. 봉산군 마산리 유적과 평양 남경 유적에서는 조가 출토되었습니다. 이로써 신석기 시대 중기부터 주로 밭에 조를 심어 가꾸기 시작했음을 알 수 있습니다.

중국에서 농경이 시작된 시기는 대략 서기전 5000년에서 2500년 사이의 양사오 문화 시대로 우리와 비슷합니다. 당시 중국 땅에 살던 사람들이 다른 어떤 곳에서 농사 짓는 법을 배웠는지는 알 수 없지만, 우리는 대체로 중국에서 농경을 받아들였다고 봐도 크게 틀리지 않습니다.

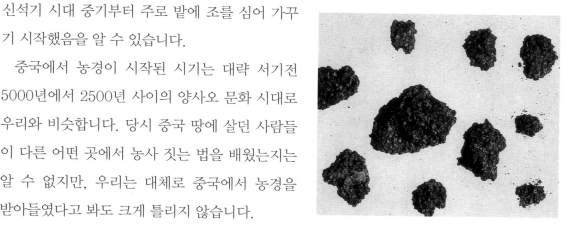

탄화 조(평양 남경 유적)

양사오 문화

중국 허난 성 멘츠 현 양사오란 마을 부근에서 신석기 시대의
유적이 발견되었다. 이 유적에서 색을 칠하고 무늬를 그려 넣
은 질그릇(채문 토기), 양날이 있는 돌칼, 맷돌과 숫돌,
흙을 구워 만든 팔찌 따위가 나왔는데, 이와 비슷
한 유물이 황허(황하:黃河) 중류 유역의 여러 곳에
서도 출토되었다. 그들 유적과 유물이 독특한 문
화를 이룬다 해서 양사오 문화라는 이름이 붙었다.
양사오 문화를 이루며 살았던 신석기 사람들은 밭에
조와 기장을 심고, 돼지나 개도 길렀다.

서기전 4000~3500년의 채문 토기
(중국 간쑤 성 박물관)

농경이 인류 역사상 대변혁임에 틀림없지만 어느 날 갑자기 생겨
난 일은 아닙니다. 대체로 3000~5000년에 이르는 긴 시간을 두고
서서히 그 형태를 이루어, 마침내 인류의 생활에서 빠져서는 안 될
부분이 되었습니다.

한반도에서는 서기전 4000년 무렵부터 1000년 무렵 사이에 농경
이 자리를 잡습니다. 그리고 서기전 1000년 무렵, 청동기 시대에 접
어들면서 농경 기술 수준이 훌쩍 도약합니다.

첫번째 농기구

이렇게 저렇게 씨앗을 뿌려 보던 사람들은 땅에 구멍을 파고 흙 속
에 씨앗을 심으면, 그냥 흙 위에 뿌릴 때보다 더 잘 자란다는 사실을

탄화

어떤 물질이 불에 타서 자기가 본디 지니고 있던 성분을 잃어버리고 탄소 성분만 남아 있는 것을 말한다. 예를 들어 나무를 공기가 통하지 않는 곳에서 태우면 탄화해 숯이 된다. 탄화 곡식은 신석기 시대와 그 뒤 청동기 시대의 유적에서 곧잘 발견된다. 그 때 사람들이 보관해 두었던 곡식의 낟알이 어떤 계기로 탄화해서 썩지 않고 지금까지 남아, 우리에게 당시 사람들이 무엇을 먹고살았는지 말해 준다.

최근에는 경기도 일산의 가와지 유적과 김포 가현리에서 서기전 1500년도 더 전의 것으로 밝혀진 볍씨가 발견되었고, 충청 북도 옥천군 대천리의 신석기 시대 집자리에서 쌀·보리·밀·조·콩과 같은 곡식 낟알 20여 점이 발견되었는데, 방사성 탄소 연대 측정법으로 분석한 결과 신석기 시대 후기인 서기전 3500~3000년의 것으로 밝혀졌다.

방사성 탄소 연대 측정법

이것은 아주 오래 된 유적이나 유물의 연대를 측정하는 방법이다. 모든 생물에는 C_{14}라는 탄소 동위 원소가 있는데, 생물이 죽으면 시간이 흐름에 따라 서서히 C_{14}가 파괴된다. 방사성 탄소 연대 측정법이란 C_{14}가 파괴된 정도로 연대를 측정하는 것이다. 이를테면 어느 유적에서 질그릇 조각이 발굴되었다고 하자. 옛날 그 곳에 살던 사람들은 이 그릇에 곡식을 담아 두었을 것이다. 그래서 현미경으로 그릇에 붙어 있는, 미세한 옛 곡식의 흔적을 찾아내어 탄소 동위 원소를 측정한다. 그러면 몇 천 년 전, 몇 만 년 전의 유물인지 대략 알아낼 수 있다.

그러나 5만 년이 지난 유물일 경우에는 이 방법이 소용없어서 유물에 포함된 우라늄의 양을 이용하는 방법인 포타슘-아르곤 법과 같은 다른 방법을 쓴다.

알게 되었습니다. 씨앗을 심으려면 땅에 구멍을 내야 하는데, 연장을 사용하면 손으로 팔 때보다 힘도 덜 들이고 더 빨리 일을 끝낼 수 있었지요.

그래서 사람들이 맨 처음 농사에 사용한 도구는 나무 작대기 끝을 뾰족하게 만들어 잡초 뿌리를 캐 내거나 씨앗 심을 구멍을 내는 데 쓴 뒤지개(굴봉)였습니다. 나중에 뒤지개는 크기가 커지고, 돌이나 (철기 시대 이후에) 쇠로 날을 만들어 붙이면서 외날 따비로 발전했습니다. 그리고 땅을 파거나 흙을 푸는 돌삽도 있었지요.

신석기 시대의 농기구는 나무와 돌로 만든 것도 있지만 짐승의 뼈나 뿔로 된 것도 많습니다. 뿔괭이는 짐승 뿔의 갈라진 가지를 잘라 만든 것인데, 잡초를 걷어 내고 씨앗 심을 구멍을 파는 데 썼답니다.

농사 지을 수 있는 땅

밀림에서는 농경 작물이 자라지 않습니다. 지금 북한산 숲 속에 볍씨를 한 줌 뿌리고 이듬해에 한번 가 본다고 합시다. 얼마 싹이 트지도 않았을 뿐더러 싹이 튼 벼도 잘 자라지 못하고 말라 죽었을 것입니다. 키 큰 나무 밑의 그늘진 곳에서 벼는 자랄 수 없기 때문입니다.

또 아프리카 중부, 인도 중부, 서아시아에 길게 이어진 사막 지방에서도 벼나 조와 같은 곡식은 자라지 못합니다. 따라서 기후가 온난한 안데스 고원 지역(페루)과 태국·중국을 중심으로 한 동남아시아 지역에서 농경을 먼저 시작했으리라 봅니다. 그리고 1만 5000년 전에는 서아시아도 지금과 달리 밀과 보리가 자랄 정도로 온난해서

따비 |
풀뿌리를 뽑거나 밭을 가는 데 쓰는 농기구. 쟁기보다 좀 작고 보습 날이 좁게 생겼다. 따비에는 외날 따비와 쌍날 따비가 있는데, 신석기 시대에는 아직 쌍날 따비를 사용하지 않았다.

농경이 일찍 시작되었다고 합니다. 때문에 메소포타미아에서 농경이 가장 먼저 시작되었다고 보는 사람도 많습니다.

농경을 알게 된 뒤 인류는 작물이 자라는 땅을 건조한 초원 지대와 비슷한 조건으로 만들었습니다. 그 밭에서 키우고자 하는 작물 외에 다른 풀이나 나무는 뽑아 버리고, 새로 씨앗을 뿌리기 전에 땅을 갈아엎어 다른 식물이 침범하지 못하도록 했습니다. 화전민이 밭을 일구기 위해 숲을 불로 태워 버리고 황량한 벌판을 만드는 것도 이런 전통의 유산입니다.

강물의 흐름에 흙이나 모래가 실려 와 하류에 쌓여 생겨난 넓고 평평한 땅. 이런 땅은 기름지고 양분이 많아 농사가 잘 된다.

우리 땅에서 농사의 시작은

아직 우리 나라에서 신석기 시대에 농사 지은 흔적이 있는 밭 유적은 발견되지 않았습니다. 그래서 우리 땅의 신석기 사람들이 농사를 어떻게 지었는지 정확한 모습은 알 수 없습니다. 다만 유적에서 나오는 농경 도구나 조 같은 곡식 낟알을 통해 추측할 따름이지요. 당시 농사는 주로 밭농사였고, 뒤지개나 돌보습을 이용해 땅을 파고 씨앗을 뿌리거나, 밭에 그냥 씨를 흩뿌리기도 했을 것입니다.

농사 지을 밭은 산의 숲에 불을 질러 마련하거나 암사동 유적처럼 강변의 충적 대지에 일구었습니다.

그러나 우리 땅의 신석기 시대에 농경은 아직 주된 식량원이 아니었습니다. 그래서 매우 소규모로 농사를 지었으리라 생각합니다. 오늘날처럼 넓은 땅에서 김을 매거나 흙을 돋우는 데 많은 힘을 들이지 않았던 것이지요.

신석기 혁명 123

뒤지개(함북 회령 오동 유적)
뒤지개가 발전해 따비가 된다. 길이 22.5센티미터.

뿔괭이(남포시 용강군 궁산 유적)
오늘날의 괭이는 쇠날에 나무 자루를 끼워 이와 같은 모양
을 만든다. 큰 것의 길이 37.5센티미터.

뿔괭이

뒤지개

홈자루

ㄱ자 모양 나무 자루의 꼭대
에 움푹 홈을 내어 납작한 돌
을 묶은 도구. 손도끼나 괭이
럼 사용했다. 청동기 시대 유
에서 많이 나오지만 신석기
대부터 사용했을 가능성도 있

외날 따비

돌보습(따비·쟁기에서
흙을 뒤엎는 날 부분
을 보습이라 한다.)

돌괭이

돌보습(황해 북도 봉산 지탑리 유적)
지탑리의 돌보습은 두께가 납작하고 날렵해 쟁기의
초기 형태로 추정하는 학자도 있다. 그러나 신석기
시대에 쟁기를 사용할 정도로 농사 기술이 발달했다
고 보기는 어렵다. 아마 뒤지개에서 발전한 외날 따
비일 것이다. 길이 34.8센티미터.

사람은 농사를 어떻게 짓기 시작했을까?

사람들은 신석기 시대부터 농사를 짓기 시작했습니다. 처음에 그들은 먹을 수 있는 식물의 씨를 거두어들이다가 땅에 흘리기도 했습니다. 그런데 얼마 뒤 땅에 묻혔던 씨앗에서 싹이 나오더니 어느 새 자라 탐스러운 이삭이 달렸습니다. 이것을 본 사람들은 무척 흥분했겠지요. 그리고 농사가 시작되었고요. 사람들이 처음 농사를 지을 때는 우선 밀, 벼, 조와 같은 풀 종류를 심었습니다. 1년에 한 번씩 싹을 틔워 씨앗을 만들고는 생명을 다하는, 한해살이 식물들이지요.

이것들은 이삭이 아주 작습니다. 또 거칠고 단단한 껍질로 덮였습니다. 도토리 같은 여러해살이 나무의 열매와는 전혀 성질이 다릅니다. 사람들은 어떻게 해서 이것을 키울 마음을 먹었을까요? 여기 저기 조금씩 흩어져 있는 야생 벼 이삭에서 한 주먹도 안 되는 쌀을 털어 모은다는 것은 쉬운 일이 아니었을 텐데 말입니다. 그렇게 하느니 큼지막한 나무 열매를 따거나 나무 뿌리를 캐는 편이 훨씬 나았을 것 같습니다.

결국 우리는 한해살이 초본류(풀 종류로 줄기가 연하고 물기가 많은 식물. 나무 종류로 줄기와 뿌리가 단단한 식물은 목본류라 합니다)가 자연스레 밀집해서 자라던 환경이 먼저 만들어졌을 것이라고 추론할 수밖에 없습니다.

영국의 고고학자 고든 차일드는 사막의 오아시스에서 농경이 시작되었다고 보았습니다. 이른 신석기 시대에 기후가 바뀌어 초원이었던 땅이 사막으로 변하자, 동식물이 오아시스로 몰려들었습니다. 사람들도 오아시스에 모였는데, 어느 날 우연히 그 주변의 동식물을 관찰하게 됩니다. 저 식물을 계속 자라게 할 수는 없을까? 이 고민에서 농경이 시작되었다는 것이지요.

다른 고고학자 로버트 브레이드우드는 오아시스가 아니라 야생 식물이 밀집한 지역에 살게 된 인간이 어떤 특정 식물을 기르기 시작한 것이 농경의 처음이라고 보았습니다. 누군가 무슨 까닭에선지 야생 식물 가운데 어떤 식물을 키워 봅니다. 이렇게도 심어 보고 저렇게도 뿌려 보는 가운데, 식물은 여러 차례 그냥 죽어 버리기도 했겠지요. 그것이 농사로 발전하여, 씨앗을 뿌리고 그 씨앗이 잘 자라도록 주변의 잡초를 없애고 다 자란 풀에서 다시 씨앗을 털어 내어 음식으로 먹는 한편, 일부는 보관해 두었다가 이듬해에 다시 흙에 심었습니다. 그러면서 정착해서 마을을 이루어 살게 되었다는 이야기입니다.

두 가지 주장 모두 상당한 근거가 있어 보입니다.

그러나 많은 학자들은 오아시스나 야생 식물이 밀집한 지역에서만이 아니라, 농경이 가능한 모든 지역에서 자원을 효과적으로 이용하고자 한 인간이 창조성을 발휘한 결과 농경이 나타난 것으로 봅니다.

후기 구석기 시대에 오면 그리 멀지 않은 장소끼리도 서로 다를 정도로 환경이 다양해졌습니다. 같은 한반도와 그 가까운 바다 안에서도 남해안과 서울 지방, 함경 북도와 울릉도의 기후가 서로 다른 것과 같습니다. 환경이 다양해지니 지역마다 다양한 생활 양식이 발달하게 됩니다. 그 과정에서 주변에 있는 여러 자원을 이용하기 시작하고, 필요한 자원을 집중해서 키우게 됩니다. 과거에는 거들떠보지도 않던 새로운 자원을 이용하기 시작하고요. 사람들은 주변에 있던 식물이 어느 시기가 되면 나타났다가 또 다른 시기가 되면 사라진다는 사실을 목격합니다. 그것을 이제 식량으로 이용할 생각을 한 것이 농경의 첫걸음이었던 것입니다.

사냥에서 유목으로

사람들은 농사를 지었을 뿐 아니라 집에서 짐승을 길렀습니다. 사냥을 나가 짐승 새끼를 잡으면 곧바로 잡아먹지 않고 기르기 시작했지요. 그래서 신석기 사람들이 살았던 유적에서는 동물 뼈가 많이 나옵니다. 그 중에 개와 집돼지 뼈가 가장 많이 나오지요. 신석기 시대 사람들이 개와 돼지를 집에서 길렀다는 이야기입니다.

돼지는 추위에 잘 견디고, 인간에게 기름진 고기를 제공해 주기 때문에 가장 중요한 집짐승이었습니다. 거친 맹수인 야생 멧돼지가 집돼지로 변한 데는 까닭이 있겠지요? 개의 조상은 야생 이리나 자칼입니다. 지금은 개를 주로 애완용이나 사냥용으로 키우지만, 애초에는 식육용이었습니다. 거친 야생 이리나 자칼의 후손이 사람에게 고분고분한 집짐승으로 변신한 데에도 역시 돼지와 마찬가지로 그럴 만한 연유가 있을 터입니다.

개와 멧돼지가 처음 집짐승이 된 곳은 몽골 지방이라고 추정합니다. 몽골 지방은 사막과 그에 이어지는 초원 지역으로 이루어져 물이 귀합니다. 군데군데 오아시스가 솟는데, 이 곳은 인간에게나 동물에게나 살아남기 위해 꼭 필요한 곳이지요. 게다가 가뭄이 들어 초원의 풀이 말라 죽으면 오로지 오아시스만이 생존의 버팀목이 됩니다. 따라서 인간 무리와 여러 동물들이 모두 오아시스로 몰려듭니다.

오아시스에서 마주친 인간과 동물들. 지능이 높고 도구를 사용할 줄 아는 인간들이 처음엔 동물들을 사냥했을 것입니다. 그러나 농경을 하며 정착 생활을 하던 인간들은 이 동물들을 그냥 죽일 것이 아니라, 물과 거름을 주어 곡식을 키우듯 먹이를 주어 기르자는 생각을 해냈습니다.

개가 집짐승이 된 과정을 한번 상상해 볼까요?

개는 무슨 이유에서인지 모르지만 서식하던 생태계에서 도태될 지경에 이릅니다.

생태계는 간단히 말해 풀, 풀을 먹는 사슴과 염소, 사슴과 염소를 먹는 하이에나와 늑대, 하이에나와 늑대를 공격하는 호랑이, 죽은 식물과 동물을 썩게 하는 미생물 등으로 이루어진, 한 장소에서 함께 사는 생물들의 세계를 말합니다. 풀이 없으면 사슴과 염소가 살 수 없고, 사슴과 염소가 없으면 하이에나, 늑대, 호랑이가 살 수 없고, 미생물이 죽은 식물과 동물을 썩혀 땅을 기름지게 해 주어야 풀이 돋아날 수 있습니다. 생태계는 이렇게 먹고 먹히는 먹이 연쇄로 이루어지는데, 개는 어쩌다가 먹이 연쇄에서 떨어져 나오게 된 것입니다.

개는 먹이를 찾아 헤매다 인간 무리를 발견합니다. 마침 인간 무리는 사냥을 마친 뒤 잡은 짐승의 고기를 뜯어먹고 뼈다귀를 남깁니다. 개는 어슬렁거리며 다가와 잽싸게 뼈다귀를 물고는 달아납니다.

사람들은 처음에는 개를 쫓아 버렸습니다. 그런데 이 때 무리 가운데 하나가 매우 놀라운 생각을 해냅니다.

"야, 굳이 사냥감 찾으러 돌아다닐 필요 있어? 농사 짓기도 힘든

데 짐승을 찾아 돌아다녀야 하니 이젠 지겨워졌어. 개가 찌꺼기 받아먹으러 오기를 기다렸다가 잡으면 되잖아."

이것은 혁명적인 발상이었습니다. 그 덕에 개는 이제 사람에게 희생됩니다. 그러자 개들도 인간 무리에 감히 접근하려 하지 않게 됩니다. 인간은 다시 먼 곳까지 고달픈 사냥 여행을 떠나야 했지요. 개들이 곁에 올 때는 편하고 좋았는데…… 하면서 옛날을 회상합니다. 이 때 다른 사냥꾼이 새로운 방안을 내놓습니다.

"개에게 먹다 남은 먹이를 주고 우리 곁에서 지내도록 해 줍시다. 개를 다시 우리 곁에 오게 해서 그 수가 늘어나면, 필요할 때 한 마리씩 잡아먹으면 되잖습니까."

"옳소!"

개와 돼지는 일단 집짐승이 되자 영양분이 풍부한 고기를 인간에게 제공해 주었습니다. 게다가 개는 야생 짐승을 사냥할 때 빠른 발과 예민한 후각을 이용해 사냥감을 찾아내고 모는 일을 썩 잘 도와주었습니다. 사냥개로서, 인간과 공생 관계를 맺게 된 것이지요.

말과 유목민

한반도 일대와 그 부근에서 개와 돼지 다음으로 집짐승이 된 동물은 양과 염소, 말과 같은 초식 동물입니다. 이것들도 집짐승이 된 과정은 개나 돼지와 비슷할 것입니다. 말은 사람에게 고기와 젖을 주었을 뿐만 아니라, 사람이나 물건을 실어 나르는 수단으로도 훌륭한 구실을 했습니다.

공생 관계
서로 도우며 함께 살아가는 사이.

몽골과 같이 농사 짓는 데 적당하지 않은 땅에 사는 사람들은 아예 짐승 기르는 것을 주요 생존 수단으로 삼아, 양 떼나 소 떼를 몰고 이들 집짐승의 먹이가 되는 초원을 찾아다니는 떠돌이 생활을 했습니다. 이런 사람들을 유목민이라고 합니다. 오늘날도 몽골 지방의 유목민은 양과 말, 염소의 젖으로 수십 가지 음식을 만들어 주식으로 삼고 있습니다. 몇 천 년 뒤 몽골 사람들이 세계 최대 제국을 건설할 때 핵심 구실을 한 것이 바람같이 달리는 말이었습니다.

사냥도 계속했다

집짐승을 기르기 시작했다고 신석기 사람들이 숲이나 들판에서 사냥을 그만둔 것은 아닙니다. 신석기 시대에는 구석기 시대와 달리 사슴, 노루, 멧돼지처럼 비교적 작은 짐승을 사냥했습니다.

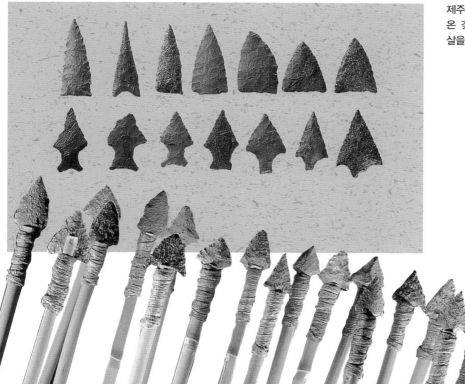

제주도 고산리 유적에서 나온 갖가지 돌화살촉으로 화살을 복원해 보았다.

사람이 성장하고 생존하는 데 기본으로 필요한 영양소인 탄수화물은 농사에서 얻은 곡식을 통해 해결했고, 단백질도 집짐승을 통해 해결했습니다. 그렇지만 곡식이나 집짐승이 항상 넉넉하지는 못했습니다. 큰 동물을 사냥하러 멀리까지 나갈 필요는 없었지만, 마을 근처의 산이나 들판에서 마주치는 작은 동물들은 여전히 반가운 존재였지요.

또 신석기 시대의 바닷가 사람들은 고래, 바다표범, 물개와 같은 바닷짐승을 많이 사냥해 먹었습니다.

사냥감이 전과 달라지니 사냥 도구도 달라졌습니다. 신석기 시대에 발명된 사냥 도구 중 가장 혁명적인 것은, 먼 거리에서도 사냥할 수 있고 날쌔고 작은 짐승도 잡을 수 있는 활과 화살입니다.

활을 발명한 것은 인간이 다른 상대를 제압하는 힘을 갖는 데 중요한 계기가 되었습니다. 이제 활과 화살의 종류도 많아지면서 사냥 기술이 다양하게 발전합니다.

신석기 시대를 알리는 제주도 고산리 유물들

1987년 제주도 해안가 고산리 마을에 사는 한 농부의 신고로 우리 나라에서 가장 오래 된 질그릇(토기)이 세상에 모습을 드러냈습니다.

고산리에서 나온 것 중 연대가 가장 올라가는 질그릇은 아가리가 크고 바닥이 편평하며, 아가리의 점토 띠를 곡선 형태로 붙였습니다. 이러한 질그릇은 부산 동삼동 유적에서 나온 것과 비슷하며, 신석기 시대의 가장 이른 시기에 해당하는 것으로 알려졌습니다.

고산리 유적 발굴 장면

고산리 유적 발굴 때 나온 덧무늬 토기

그 동안 우리 나라에서 조사된 질그릇 가운데 강원도 양양 오산리에서 나온 서기전 6000년 무렵의 것이 가장 오래 되었다고 알려져 있었습니다. 그런데 고산리에서 나온 곡선 띠 모양을 붙인 질그릇(덧무늬 토기)의 연대를 측정해 보니 서기전 8000년까지 올라갔습니다. 우리 나라에서도 지금부터 1만 년 전에 질그릇을 사용했다는 중요한 사실을 말해 줍니다.

고산리에서는 그 동안 우리 나라에 알려진 적 없는 무늬 없는 질그릇 조각도 많이 나왔습니다. 그리고 돌로 만든 화살촉이 질그릇과 함께 많이 나왔는데, 모두 눌러떼기 방법으로 만든 자그맣고 끝이 뾰족한 것이었습니다. 이 밖에도 긁개, 찌르개, 새기개, 뚜르개 등과, 석기를 만들다 떨어져 나온 조각과 돌날, 부스러기 등도 나왔습니다.

고산리 유적 발굴 때 나온
원시 민무늬 토기 조각

　이러한 유물들은 구석기 시대 후기에서 신석기 시대로 넘어가는 때에
살았던 사람들이 남긴 것이라고 여겨집니다. 그리고 화살촉이 아주 많은
걸로 미루어 경제 활동 가운데 수렵이 매우 중요한 비중을 차지한 사회였
음을 추측할 수 있습니다. 아울러 여러 가지 석기와 이것을 만들 때 떨어
져 나온 작은 돌날과 부스러기 등이 있는 것으로 보아 이 곳이 석기 제작
소 같은 집단 주거 지역은 아니었을까요?

　고산리 유적의 발견으로 서기전 8000년 무렵에 우리 나라는 서서히
구석기 시대가 끝나고 질그릇을 사용하는 신석기 사회로 바뀌어 갔음을
분명히 알 수 있습니다.

5

암사동 사람들

신석기 시대의 마을과 빗살 무늬 토기

물가의 안락한 보금자리

신석기 시대 사람들은 집을 지었습니다. 땅을 얼마간 파고 나무로 고깔 모양의 뼈대를 만든 다음 풀이나 짐승 가죽으로 벽과 지붕을 둘렀습니다. 그런 모습을 우리는 서울 강동구 암사동에 있는 신석기 시대의 유적에서 볼 수 있습니다. 거기에 당시의 생활 모습을 잘 복원해 놓아, 그 옛날 신석기 시대의 집이며 사는 모습을 생생히 보고 느낄 수 있지요.

이 곳을 발굴하면서 신석기 시대의 집이 있었던 흔적(집자리)이 한 곳에 15~20군데 몰려 있음을 알 수 있었습니다. 동굴에서 무리 지

암사동 유적의 신석기 시대 집자리

어 생활하던 구석기 시대와 달리, 이 시기에는 정착해 마을을 이루어 생활한 것입니다. 15~20여 집으로 이루어진 마을의 주민은 모두 어머니 쪽 혈통 관계에 있는 씨족이었습니다. 그래서 신석기 시대의 사회를 씨족 사회라고 합니다.

농사를 지으면서 생겨난 변화 가운데 가장 두드러진 것이 정착 생활이라고 했지요? 사람들은 이제 이리저리 이동하며 살아갈 필요가 없어졌습니다. 그런데 한 곳에 정착해서 살려면 집이 있어야 합니다. 게다가 농사는 물가의 평탄한 땅에서 짓기 때문에 산이나 언덕

배기의 동굴에서 사는 건 불편합니다. 그러니 한데로 나와 인공으로 집을 지어야 했지요. 신석기 시대 사람들이 강가의 평지에 움집을 지은 까닭이 여기에 있습니다.

사람들은 자기가 오래 머무를 집이기 때문에 튼튼하고 안락하게 집을 지었습니다. 이 움집은 여름엔 습기와 더위를 막아 주고, 겨울엔 혹독한 추위를 막아 주었지요.

한강 중류의 광나루 건너편, 오늘날의 암사동 강변 지대. 가죽옷을 걸친 가족 여섯 명이 모였습니다. 오늘은 새 집을 짓는 날. 오랜 옛날 동굴 속에서 추위와 맹수를 피하던 조상들을 생각하면 참 많이 좋아졌습니다. 그들은 이런 최첨단 공법으로 지은 고급 주택은 꿈도 못 꾸었겠지요.

움집 건설 공법

신석기 시대 사람들은 일반적으로 땅을 50~100센티미터 정도 깊이로 파고 집을 지었습니다. 땅을 파고, 주로 생활할 자리인 바닥 면을 편평하게 고르고, 그 위에 나무 기둥을 세우고, 도리를 얹고, 서까래를 올린 뒤, 갈대나 억새를 엮어 지붕을 덮으면 집이 완성됩니다. 이것을 '움집'이라고 불렀지요. 기둥과 도리, 도리와 서까래는 덩굴식물의 줄기 같은 것으로 엮었습니다.

집을 지을 자리는 둥글거나 네모지게 고르고, 기둥은 대개 전체 집자리의 안쪽에 네 개 세웠는데, 긴 벽을 따라 여러 개 세운 곳도 있습니다. 긴네모꼴(직사각형)로 생긴 집자리 유적에는 대부분 기둥을 세웠던 구멍이 네 개보다 많습니다.

집자리의 모양은 지방마다 조금씩 차이가 있습니다. 한반도 중서부 지방에서 발견된 신석기 시대 집자리는 주로 둥근 형태가 많습니다. 그러나 남부 지방에는 긴네모꼴이 더 많습니다. 그 까닭은 무엇일까요?

아마 그 지방의 자연 환경에 가장 적당한 모양을 선택했기 때문이

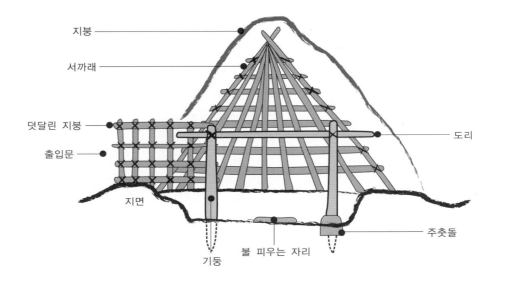

암사동에 복원한 움집

겠지요. 한편 서로 다른 곳에서 사는 사람들이 집 모양을 다 똑같이 만든다면, 그것이 도리어 신기한 일 아닐까요? 멀리 떨어진 곳에서 서로 알지 못하고 사는 사람들이 어떻게 똑같은 생각을 하겠어요?

집 바닥 면에는 대체로 가운데 부분에 둥근 모양이나 네모난 모양으로 돌을 빙 둘러 놓아 불 피울 자리를 만듭니다. 이 자리에서 불을 피워 집 안을 밝고 따뜻하게 하고 음식을 만들기도 했지요. 음식을 만들기도 한다지만, 물을 끓이는 정도이고 주로 집 안을 따뜻하게 하는 난방용으로 썼겠지요. 신석기 시대는 공동체 사회로, 밥 먹을 시간이 되면 마을 전체가 공동으로 음식을 장만하여 다 같이 나누어 먹었을 가능성이 높기 때문에, 요리는 아마 집 밖에서 했을 것입니다.

서울·경기 지역과 대동강 유역 등 한반도 중서부 지방에서는 불 피우는 자리 곁에 질그릇 밑동을 잘라 내어 거꾸로 박아 놓았는데, 무슨 용도로 이런 시설을 만들었는지는 확실히 밝혀지지 않았습니다. 무언가를 그 밑에 보관하기 위한 시설로 보는 견해가 있지만, 무엇을 보관한 것이었는지는 아직 알지 못합니다. 질그릇 밑동이 평평하다면 혹시 요리 재료를 써는 도마가 아니었을까 생각할 수도 있지

불땐 자리 곁에 있어 밑동이 그을은 질그릇(양양 오산리)

만 대부분 끝이 뾰족합니다.

혹시 불씨를 보관해 두던 곳이 아니었을까요? 구석기 시대에 사람이 불을 이용할 줄 알면서부터 불씨를 꺼뜨리지 않고 보관하는 일은 대단히 중요했기 때문입니다. 이 질그릇 밑동의 쓰임새는 여러분의 상상력에 맡겨 봅니다.

집은 땅을 파고 짓기 때문에, 지금의 집처럼 벽이 땅 위로 많이 솟아 나오지는 않았겠지요. 밖에서 보면 고깔처럼 생긴 지붕이 땅바닥에 닿고요. 한쪽 면에 드나드는 문을 만들었을 테지만, 발굴 과정에서 문이 있던 자리를 분명히 알 수 있었던 경우가 그리 많지는 않습니다.

그리고 집자리 바깥이나 집 안에 작은 구덩이, 곧 움을 파서 저장 시설로 사용한 경우가 많았습니다. 요즘에는 김치를 냉장고나 김치 냉장고에 보관하는 경우가 많지만, 여러분의 부모님이 어렸을 때만 해도 모두 마당을 파고 김장독을 땅 속에 묻었지요. 김장독에 보관한 김치는 오래 두어도 잘 시지 않고 맛있답니다. 이것도 집 안팎에 저장 구덩이를 팠던 신석기 시대부터 전해 내려온 풍습이 아닐까요?

마을의 집자리 배치 구조

신석기 시대의 집자리는 대체로 큰 강의 충적 대지나 강변의 언덕배기에 있습니다. 바닷가에도 있지만 아직 조사된 예가 많지 않습니다.

집자리는 혼자 뚝 떨어져 있지 않고 몇 개가 모여 한 마을을 이루는 것이 보통입니다. 마을 규모는 집단의 크기에 따라 조금씩 달랐지요. 그리고 나중으로 갈수록 마을 규모도 점차 커졌을 것으로 짐작합니다.

  현재까지 발굴된 결과를 보면 신석기 시대 마을에 집들이 들어서는 데 그 순서나 모양을 결정하는 특정한 규칙은 없습니다. 다만 집들이 한 줄로 늘어선 경우는 없고, 집자리 몇 개가 옹기종기 모인 형태가 많습니다.

  신석기 시대 후기가 되면 큰 집자리 하나와 작은 집자리 여럿이 모여 한 마을을 이룬 예를 볼 수 있습니다. 한가운데에 마을에서 공동으로 사용하는 도구를 보관하고, 마을 사람들이 모두 모여 공동 노동을 하는 큰 집이 있고, 그 둘레에 개별 가족의 작은 집들이 모여 있었음을 알 수 있습니다. 마을이 커지면 마을의 내부 구조가 점점 더 복잡해졌겠지요.

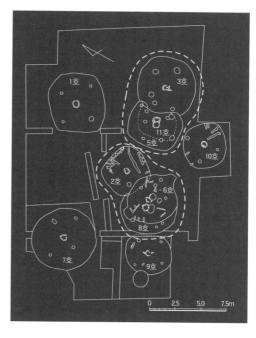

암사동 유적의 집자리 배치 구조

맨 위 오른쪽에 있는 집자리를 보면 바로 아래쪽에 집자리 하나가 더 연결되어 다른 집보다 두 배나 넓다.
  그 바로 밑에 있는 집도 마찬가지. 한 집은 마을 사람들이 모두 모이는 공회당, 또 한 집은 마을에서 수확한 곡식을 모아 두는 곳간이었을 것이다.
  집자리 한가운데에 돌을 둥글게 둘러 놓아 불 피우는 자리를 만든 것이 보인다.

집 안의 살림 배치

개별 집자리 안에 있는 살림살이는 주로 흙으로 만든 질그릇과 돌로 만든 연장입니다. 나무로 만든 도구도 많았을 것으로 추정되지만, 나무는 썩기 때문에 유물로 전해지기가 어렵습니다.

  질그릇은 음식을 조리하고, 담아서 먹고, 보관하는 도구입니다. 집 안 한쪽 벽면에 대어 서로 겹쳐 놓거나 나란히 늘어놓았겠지요. 선반이나 시렁도 이들 그릇을 놓는 자리였겠네요. 석기는 대개 그릇

반대편에 놓았습니다. 석기는 괭이, 화살촉, 그물추, 숫돌 같은 연장이라서, 주로 음식을 담는 그릇하고는 같이 두지 않고 따로 둔 것입니다.

    이러한 사실은 신석기 사람들이 집 내부를 벽이나 방으로 가르지는 않았지만, 어느 정도 공간을 나누어서 사용했다는 뜻입니다. 한 공간이지만 그 안에 음식을 만드는 공간, 식량을 저장하는 공간, 작

업하는 공간, 잠자는 공간이 따로 있었던 것입니다. 공간 배치에 따라 적절한 자리에 그릇이나 석기를 둔 것이지요.

집자리 안쪽에는 불 피운 자리(불땐 자리)가 있습니다. 불땐 자리에는 불이 번지지 않도록 바닥을 약간 파고 주위에 돌을 둘러 놓았고, 때로는 진흙을 쌓아 둑처럼 세우기도 했습니다.

불땐 자리 근처에는 구덩이가 여럿 있는데, 그 안에서 곡식 화석과 석기 유물이 발견되어 식량이나 음식을 조리하는 도구를 보관하는 시설이었을 것으로 봅니다. 또 벽 기둥에 얹은 도리에는 필요한 것을 매달아 놓기도 했겠지요.

이렇게 만든 움집 한 채는 네다섯 명 정도 되는 식구가 살 수 있는 크기입니다. 부모와 자녀로 이루어진 한 가족이 한 집에서 생활한 것으로 보입니다.

부산 동삼동 조개무지

일부 역사학자들은 글자를 써서 기록을 남긴 시대를 역사 시대, 아직 글자가 없었던 그 전의 시대를 선사 시대로 나눕니다. 그러나 역사라는 것은 인간의 생활 흔적인 만큼 글자 사용 여부를 기준으로 역사 시대, 선사 시대로 나누는 것은 좋은 분류 방법이 아니라고 생각합니다. 지구상에 사람이 살았던 시대는 모두 역사 시대이지요.

다만 기록을 남기지 않은 원시 시대에 관해서는 순전히 유물과 유적을 토대로 추론해 낼 수밖에 없습니다. 역사학자나 고고학자를 수사관, 밝혀 내고자 하는 당시의 역사를 범인에 비유해 봅시다. 글자로 기록을 남긴 청동기 시대 이후는 범인이 주민 등록증이나 일기와 같은 단서를 남긴 경우입니다. 그렇다면 그 앞 시기인 원시 시대를 다룰 경우 당연히 추측과 상상이 중요한 구실을 하겠지요.

부산 영도구 동삼동에는 아주 오래 된 조개 껍데기 한 무더기가 흙 속에 파묻혀 있었습니다. 조개 껍데기 속에서 간혹 석기와 질그릇 조각도 섞여 나왔습니다. 그리고 조개 껍데기 무더기 안에 무덤도 있었습니다. 이것이 도대체 무엇일까요?

그저 쉽게 생각해서 조개를 잡아먹고 버린 장소라고 볼 수도 있습니다. 실제로 많은 고고학자들이 조개무지를 쓰레기장으로 해석합니다. 조개무지는 신석기 사람들이 근처 바닷가에서 조개를 줍거나 바위에서 딴 뒤에 조갯살만 질그릇에 담고 남은 껍데기를 모아서 버린 곳이라고 볼 수 있습니다.

그러나 상상력이 풍부한 한 학생이, 조개무지가 쓰레기장이 아니

부산 동삼동 조개무지

라 신석기 사람들의 작업 공간이라고 주장합니다. 어디 이 학생의 주장을 한번 들어 봅시다.

"그 시대에는 오늘날처럼 환경 오염이 심하지도 않았고, 인구 밀도가 높지도 않았잖아요. 그런데 굳이 쓰레기 버리는 장소를 정해 둘 필요가 있었을까요? 조개를 캐다가 까먹고 껍데기는 아무 데나 던져 버렸을 것 같은데. 아무 데나 쓰레기 버리는 것이 죄가 되는 요즘 세상에도 바닷가에 가 보면 사람들이 굴이나 조개를 까 먹고 껍데기는 아무 데나 버리기 일쑤잖아요. 그런데 그 옛날이라면……."

그러니 1미터도 넘게 쌓인 조개무지를 단순한 쓰레기장으로 보기는 어렵다는 것입니다. 혹시 조개무지에서 석기와 질그릇이 함께 발견되고, 무덤이 있는 점에 무언가 해답의 열쇠가 있지 않을까요? 석기는 무언가 작업을 하는 도구이고, 그릇은 곡식이나 음식을 저장하거나 조리하는 용기입니다. 그렇다면 여기서 한 가지 추론이 나올 수 있습니다.

날씨가 따뜻한 어느 봄날 바닷가. 신석기 시대의 동삼동 마을 사람들은 이 날 하루를 특별한 날로 정했습니다. 썰물 때에 맞춰 모두 바닷가에 나가 조개를 캐는 날입니다. 한나절 동안 흩어져 작업을 한 뒤 마을로 돌아옵니다.

각자 따 온 조개를 한데 쌓으니 제법 양이 엄청납니다. 이것을 오늘 하루에 다 먹었다가는 배가 터져 죽을 것입니다. 그렇다면? 조갯살을 떼어 내 그릇에 담아 두었다가 내일 먹는 것입니다. 생조갯살을 그릇에 담아 두면 오래지 않아 썩어 버릴 테니, 더 오래 두고 먹으려면 모은 조갯살을 햇볕에 널어 말렸겠지요.

사람들은 한데 모여 석기로 조개 껍데기를 벌리고 살을 떼어 내기 시작합니다. 처음에는 조개가 살아 있는 상태에서 하나하나 껍데기를 벌려서 살을 떼어 냈을 것입니다. 그러나 이 방법은 어렵고 시간이 많이 걸리기 때문에, 대개 불을 피워서 조개를 굽거나 질그릇에 물을 넣고 끓여서 껍데기가 저절로 벌어지게 했다고 합니다. 조개무지를 발굴 조사하는 과정에서 불땐 자리가 여러 군데 발견되었는데, 이것은 아마 조갯살을 대량으로 떼어 내기 위해 불을 피운 시설로 보입니다.

떼어 낸 살은 빗살 무늬를 새긴 질그릇(빗살 무늬 토기)에 차곡차곡 담고, 껍데기는 한군데로 던져 버립니다.

작업을 하다 석기가 부서지면 껍데기 더미에 던져 버리고 새 석기로 작업을 계속합니다. 아이들이 뛰놀다 그릇을 깨뜨리는 일도 있었을 것입니다. 아이는 혼이 나고 깨진 그릇 역시 조개 껍데기 더미에 던져 버립니다. 그리고 오늘날 조개무지에서 이런 조각들이 함께 발견되지요.

이러한 조개잡이는 바닷가나 섬을 찾아가 며칠을 두고 집중적으로 했으리라 봅니다. 집에서 꽤 떨어진 데까지 와서 조개를 잡다 보면 임시로 거처할 곳이 필요했겠지요. 이러한 임시 거처가 군산 가도 조개무지 유적에서 발견되었습니다. 둘레가 2~3미터쯤 되는 둥근 움집입니다.

결국 조개무지는 신석기 사람들이 공동으로 잡은 조개의 껍데기를 벗긴 곳으로, 단순한 쓰레기장이라기보다는 공동 작업장 성격을 띤다고 하겠습니다.

실제로 오늘날 서해안이나 남해안에서 굴을 캐는 마을을 가 보면 사람들이 모여 굴을 딴 뒤 굴 껍데기가 엄청난 양으로 한 곳에 쌓이는 것을 볼 수 있습니다. 다만 오늘날에는 그 껍데기를 굴 양식에 재활용하거나, 사료나 건축 자재의 원료로 사용하기 때문에 흙 속에 파묻지는 않습니다.

연대도 조개무지 속에서 발견된 무덤

조개무지는 무덤으로도 쓰였다

마을 어른들이 술렁거립니다. 촌장님께서 갑자기 앓아 누우셨습니다. 사람들은 모두 하늘에 대고 병이 낫기를 기원했지만 기도도 헛되이 촌장님께서는 세상을 떠나시고 말았습니다.

마을의 어른들이 모여 장례 절차를 의논했습니다. 장례 날과 시간은 이튿날 오후로 정하고, 무덤은 조개무지 안에 쓰기로 했습니다. 그것은 조개무지가 마을에서 가장 높고 전망이 좋은 언덕에 있으며, 마을의 가장 중요한 식량을 손질하는 공공 장소이기 때문입니다. 이튿날 사람들은 모두 모여 시신을 놓고 하늘에 제사를 지냅니다. 모두 촌장님께서 저승에 가서 편안히 사시기를 기원합니다.

경상 북도 울진 후포리와 경상 남도 삼천포 늑도의 조개무지 안에서 나온 무덤은 바로 이렇게 해서 생기지 않았을까요?

내일을 담는 저장 용기, 질그릇을 발명하다

올 봄에 뿌린 조와 피가 늦여름 따가운 햇살을 받으며 누렇게 익어 갑니다. 이제 수확의 계절이 돌아오고 있습니다. 오늘날의 이야기가 아닙니다. 서기전 4000년 무렵, 신석기 시대 한 마을의 정경입니다. 사람들은 이삭을 훑어 곡식 알갱이를 모읍니다. 그런데 이걸 어떻게 집까지 날랐을까요?

아주 먼 옛날 구석기 사람들은 채집한 열매나 식물을 짐승 가죽이나 나뭇잎으로 싸서 집으로 가져왔을 것입니다. 기다란 풀 줄기나 가느다란 나뭇가지를 엮어서 짠 바구니를 사용하기도 했겠지요. 그러나 곡식 알갱이는 한 주먹에 쥐어도 손가락 사이로 술술 빠져 나갑니다. 새지 않는 무언가가 있어야 했습니다. 농사를 지으면서 운반과 저장을 위한 그릇이 절실히 필요해진 것이지요.

하지만 쓰임새에 맞는 그릇을 만들게 되기까지는 많은 시행 착오와 고민이 따랐을 것입니다. 신석기 시대에 널리 쓰인 빗살 무늬 토기는 대략 섭씨 700° 정도 되는 온도의 불로 구웠다고 합니다. 진흙

시베리아 아파나시에보 지방의 빗살 무늬 토기

우리 빗살 무늬 토기

일본의 빗살 무늬 토기(조몬 토기)

을 반죽해서 형태를 만들고 불로 구워
낸다는 생각은 결코 단번에 떠오르지
않았을 것입니다.

과연 인류는 어디에서 그릇을 발명
할 영감을 얻었을까요? 멀리 핀란드
에서 시베리아를 거쳐 우리 나라, 일본
에 이르는 널따란 지역에서 출토되는 신석
기 시대의 질그릇에는 공통적으로 머리빗
의 살 같은 무늬가 비스듬히 새겨져 있습니
다. 그래서 이들 질그릇을 빗살 무늬 토기
라고 하는데요, 이것은 단순히 신석기 사
람들의 장식일 뿐일까요? 혹시 여기에 그
릇 제작에 얽힌 어떤 실마리가 숨어 있는
것은 아닐까요? 지금부터 실마리를 찾아
볼까요?

흙을 굽는 사람들

암사동의 한 움집. 지난 여름 처음 집을 지
을 때 온 가족이 나뭇가지와 풀로 지붕을
엮고, 비가 새지 않도록 지붕 안쪽에 진흙
을 짓이겨 발랐습니다.

그런데 어느 날 이 움집에 불이 났습니

다. 홀랑 다 타 버린 집. 잿더미가 돼 버린 집 앞에서 망연자실 서 있던 집주인은 갑자기 잿더미에 다가가 뭔가를 유심히 살펴봅니다. 불에 탄 진흙이 마치 돌덩이처럼 단단하게 굳어졌습니다. 그의 뇌리에 번개처럼 스치는 생각, '진흙으로 그릇을 빚어 일부러 불에 굽는다면?' 어쩌면 이것이 인류가 최초로 질그릇을 발명하게 된 계기일지 모릅니다.

이후 그는 나뭇가지를 바구니 모양으로 엮고 그 안에 고운 진흙을 덧바릅니다. 이것을 뜨거운 불에 놓고 태웁니다. 나뭇가지는 타서 없어지고 진흙은 단단하게 굳습니다. 겉에는 나뭇가지를 엮었던 비스듬한 자국이 남습니다.

이렇게 질그릇을 빚는 기술이 널리 퍼져 나가고, 또 날이 갈수록 기술이 진보합니다. 나중에는 그냥 진흙으로만 빚어 말린 다음 불에 구워 냅니다. 한 번에 여러 개를 만들기 위해 마을 한켠에 질그릇 굽는 자리를 널찍하게 만들어 놓습니다. 질그릇을 더욱 단단하게 하기 위해 진흙에 특별히 석영이나 운모 성분을 넣을 줄도 알게 됩니다.

그리고 처음에는 그릇 겉면을 그냥 밋밋하게 두었지만 차츰 그 동안 살면서 본 물결 모양이나 태양, 물고기 뼈 따위 모양을 무늬로 그려 넣습니다. 자연스럽게 그 무늬는 그들의 생각을 표현하는 예술 작품이 되었습니다.

게다가 그릇 표면에 무늬를 새기니 불에 구울 때 갈라지거나 깨지지 않고 더욱 단단해졌습니다. 불의 열이 무늬의 결을 따라 구석구석 고루 퍼져서 그런 모양입니다.

석영
유리, 도자기의 재료가 되는 차돌. 다른 잡티나 이물질 없이 순수한 석영이 바로 수정이다.

운모
화강암의 한 종류로 층층이 잘 쪼개져 돌비늘이라고도 한다.

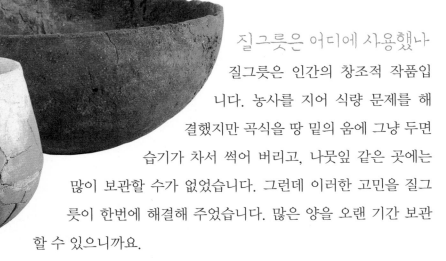

질그릇은 어디에 사용했나

질그릇은 인간의 창조적 작품입니다. 농사를 지어 식량 문제를 해결했지만 곡식을 땅 밑의 움에 그냥 두면 습기가 차서 썩어 버리고, 나뭇잎 같은 곳에는 많이 보관할 수가 없었습니다. 그런데 이러한 고민을 질그릇이 한번에 해결해 주었습니다. 많은 양을 오랜 기간 보관할 수 있으니까요.

바구니를 촘촘하게 짜면 쓸 만하지만 불 위에 얹고 요리하는 데는 쓸 수가 없습니다. 그래서 질그릇은 곡식을 요리하는 데도 없어서는 안 될 용기입니다.

벼, 기장, 귀리, 밀과 같은 볏과 식물은 날것을 그대로 먹기에는 너무 단단하고 거칠지요. 익혀 먹어야 제 맛이 납니다.

단지 맛의 문제만이 아닙니다. 곡식의 날것에 든 녹말은 베타 녹말입니다. 베타 녹말 분자는 화학적으로 결정과 비슷한 구조여서 먹어도 대부분 소화되지 않고 그냥 배설되어 버립니다. 그러나 곡식을 물에 담가 삶으면 베타 녹말은 알파 녹말로 바뀝니다. 쌀에 물을 섞어 끓이면 걸쭉한 죽이 되는데 이 걸쭉한 성분이 알파화한 녹말입니다. 알파 녹말은 소화가 잘 되지요.

이런 까닭에 곡식은 반드시 물에 불려 익혀 먹어야 하고, 따라서 그릇이 반드시 필요합니다.

질그릇을 발명하고 다양한 낟알 곡식을 기르면서 신석기 사람들의 식생활은 풍부해졌습니다. 앞서 소개한 경기도 일산 가와지 유적

신석기 시대의 무늬 없는 질그릇
위:함경 남도 신포시 강상리의 사발.
아래: 평양 사동 구역 금탄리의 항아리.

밀

조

쌀

보리

충북 옥천군 대천리에서
발견된 신석기 시대의 알곡

과 김포 가현리에서는 서기전 1500년도 더 전의 볍씨가 발견되었습
니다. 충북 옥천 대천리의 신석기 시대 집자리에서도 쌀 조각 여섯
알과 벼 껍질, 보리 이삭 네 알, 밀 세 알, 콩 종류 한 알, 그리고 도
토리와 벌집 화석이 발굴되었습니다.

이것으로 보아 주로 도토리를 먹던 신석기 시대 전반과 달리 후반
에는 식생활이 다양해졌음을 알 수 있습니다. 이렇게 다양한 곡식이
그릇에 담겨 조리되어 신석기 사람들의 영양을 책임졌던 것입니다.

밑이 뾰족한 빗살 무늬 토기

암사동 사람들이 사용한 빗살 무늬 토기를 가만히 살펴봅시다. 이상
한 점이 눈에 띕니다. 밑이 뾰족해서 도저히 평평한 바닥에 놓을 수
가 없습니다. 마치 달걀을 똑바로 세울 수 없는 이치와 같습니다. 왜

빗살 무늬 토기(서울 암사동)

이런 모양으로 만들었을까요? 암사동 유적을 보면 집자리 안팎에 군데군데 크고 작은 구덩이가 있습니다. 밑이 뾰족한 빗살 무늬 토기를 꽂기 딱 알맞게 생겼어요. 학자들은 바로 이 구덩이에 토기를 꽂고 사용했으리라고 봅니다. 하지만 그냥 바닥에 놓기 좋게 밑을 평평하게 하지 않고 굳이 뾰족하게 만든 이유가 뭘까요?

요즘 우리가 쌀독과 김칫독을 구별해 쓰듯이, 혹시 신석기 사람들도 그릇마다 담을 것과 놓을 자리를 정해 놓았던 것은 아닐까요? 조를 담는 그릇은 맨 왼쪽에 놓고, 보리를 담는 그릇은 두 번째 놓고 하는 식으로 미리 정해 놓으면 필요할 때 찾아 쓰기 좋겠지요. 그리고 이리저리 순서가 흐트러지지 않도록, 땅을 파서 그릇을 한 자리에 딱 박아 놓는 겁니다.

그런데 황해 북도 봉산 지탑리 유적에서는 빗살 무늬 토기가 모두 엎어진 모양으로 출토되었습니다. 구덩이를 파고 필요한 물건을 담은 뒤 마치 뚜껑처럼 토기를 덮었던 것일까요?

두 가지 다 가능성이 있습니다. 또 다르게 생각해 볼 수도 있지요.

지방마다 다르게 생긴 질그릇

신석기 시대 당시의 생활 습관을 생각해 봅시다. 신석기 사람들은 질그릇을 운반용과 저장용, 그리고 조리용으로 사용했습니다. 운반을 위해서는 손잡이가 필요합니다. 그런데 진흙으로 손잡이를 빚는 것은 아직 생각하지 못한 것 같습니다. 신석기 사람들이 사용한 질그릇에는 손잡이가 보이지 않기 때문입니다.

암사동 유적에서 나온 질그릇 중에는 몸통에 구멍이 뚫린 것들이 있습니다. 그렇다면 혹시 신석기 사람들은 질그릇에 구멍을 내고 끈으로 꿰어 등에 메거나 들고 다니지 않았을까요? 질그릇 아가리가 넓고 아래로 내려갈수록 좁아지는 것은 끈으로 묶어 들기에 가장 적합한 형태입니다. 또 움집 안에서는 끈으로 묶은 채 나무 기둥에 걸어 두었을 가능성이 큽니다. 이렇게 본다면 질그릇 바닥이 편평해야 할 이유는 별로 없어집니다.

나무 기둥에 걸린 질그릇

대개 오늘날의 평안도, 황해도, 경기도에 해당하는 서해안 일대의 주민들이 질그릇을 이렇게 구덩이에 꽂아 두거나, 엎어서 구덩이를 덮거나, 구멍을 내어 끈으로 묶어 드는 방법을 사용한 모양입니다. 이 지역에서 나오는 빗살 무늬 토기는 모두 전형적인 포탄 모양으로 밑바닥이 뾰족합니다.

하지만 운반용으로 쓸 일이 적거나, 다른 이유 때문에 바닥이 편평할 필요가 있는 경우도 있었겠지요. 동해안 지방에 살던 신석기 사람들이 그러했습니다. 함경도에서 강원도에 이르는 동해안의 신석기 유적에서는 하나같이 밑바닥이 편평한 질그릇이 출토됩니다.

반면 한반도 남부 지방에서는 서해안 일대의 질그릇보다 조금 두툼하고 위아래 높이(운두)가 낮은 빗살 무늬 토기가 나왔습니다. 사용하는 방법은 서해안 사람들 방식과 비슷했겠지요.

압록강 일대와 그 너머, 오늘날의 중국 랴오둥 지방에 산 사람들은 질그릇 바닥에 굽(받침)도 달고, 목 부분을 길게 했으며, 표면에 색을 칠하기까지 했습니다. 문화가 조금 앞선 중국 사람들과 교류하면서 다른 지방 사람들보다 세련된 그릇을 만들 줄 알았던 것이지요.

질그릇이 다르면 민족도 다르다?

사용한 그릇의 모양이 지방마다 다른 것은 지방마다 생활 습관이 달랐던 까닭이라고 볼 수 있습니다.

그러나 그릇이 종족이나 민족마다 차이가 있는 점을 보면, 그저 단순하게 각 지방의 문화적 차이라고만 볼 일은 아닌 것 같습니다. 지금 우리 나라 사람이 쓰는 그릇과 일본 사람, 미국 사람이 사용하는 그릇이 서로 다른 것은 민족의 문화와 습관이 다르기 때문이듯 말입니다.

따라서 어떤 학자는 한반도 안에서도 네 갈래 지역에서 서로 다른 질그릇이 나오는 것은 바로 그 곳에 살던 종족이나 주민 집단이 서로 달랐기 때문이라고 주장합니다. 아직 이 주장을 뒷받침하는 증거가 많지 않아 앞으로 더 연구해야 알 수 있겠지만 꽤 가능성이 높은 생각이라고 봅니다.

일반적으로 신석기 시대와 그 뒤를 잇는 청동기 시대에는 크고 작은 여러 종족이 좀더 나은 환경을 찾아 이동하며 문화적으로 서로 영향을 미치고 교류했습니다. 한반도와 그 주변에서도 여러 다양한 종족이 섞여 살았고, 자기가 살던 지역 환경에 맞게 독자적이고 특색 있는 그릇을 만들었을 가능성이 높습니다. 물론 지역별로 주민 집단이 달랐다고 해서 흑인과 백인처럼 완전히 염색체가 다른 인종이 아니라, 크게는 몽골로이드(주로 동아시아와 동남아시아, 북극 지방에 사는 황인종) 계통에 속하는 비슷한 종족들이었겠지요.

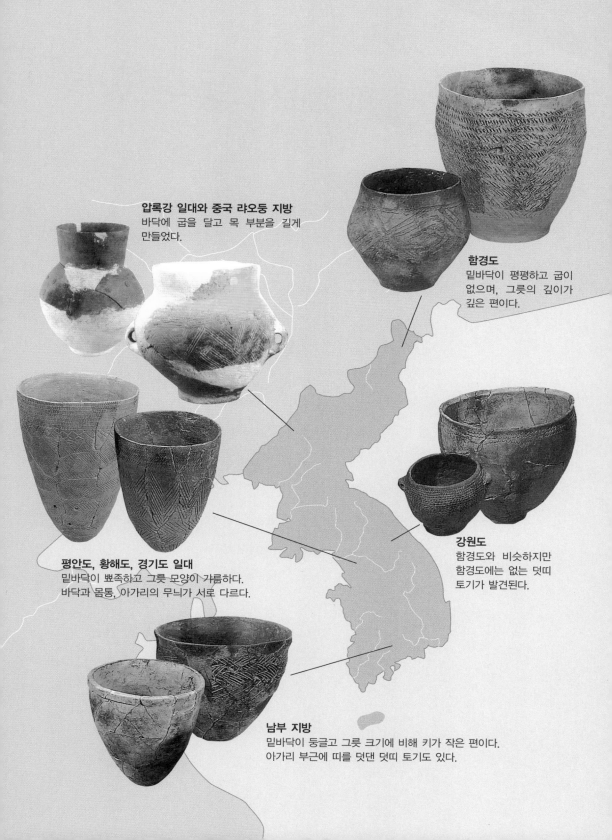

압록강 일대와 중국 랴오둥 지방
바닥에 굽을 달고 목 부분을 길게
만들었다.

함경도
밑바닥이 평평하고 굽이
없으며, 그릇의 깊이가
깊은 편이다.

평안도, 황해도, 경기도 일대
밑바닥이 뾰족하고 그릇 모양이 갸름하다.
바닥과 몸통, 아가리의 무늬가 서로 다르다.

강원도
함경도와 비슷하지만
함경도에는 없는 덧띠
토기가 발견된다.

남부 지방
밑바닥이 둥글고 그릇 크기에 비해 키가 작은 편이다.
아가리 부근에 띠를 덧댄 덧띠 토기도 있다.

질그릇은 어떻게 해서 등장했을까?

질그릇 발명의 중요한 요소 가운데 하나는 진흙을 불로 구워서 물에 녹지 않는 물질로 바꿔 만드는 것입니다. 이러한 기술은 이미 후기 구석기 시대에 비너스 상이나 동물 상을 만드는 데도 사용되었지요. 따라서 유럽과 시베리아, 그리고 우리 나라에서도 후기 구석기 시대에는 이미 진흙을 반죽하여 인형을 만들고 이것을 불에 구워 내는 기술이 존재했을 가능성이 매우 높습니다.

질그릇은 기본적으로 무엇을 담고 조리할 수 있는 용기(容器) 형태라는 점이 눈에 띕니다. 때문에 질그릇 발명은 어느 한 곳에서 우연히 만들어진 뒤 세계 각지로 퍼져 나간 것이라기보다, 환경 조건이 다른 몇 개 지역에서 각각 독립적으로 이전 기술을 조합하여 만들었다고 보는 것이 더 설득력이 있습니다.

서아시아 지역에서는 식료품과 종자를 보존하기 위해 질그릇을 만들었습니다. 질그릇을 만들기 전에는 불에 굽지 않은 저장용 대형 용기나 건물 마루 아래에 저장 구멍을 파고 안쪽에 흙을 발라 그 안에 식료품을 저장했는데, 이것이 나중에 질그릇이 탄생하는 바탕이 되었지요.

신대륙 서남부 아메리카 선주민(先住民 : 어떤 민족이나 종족이 그 땅을 차지하기 전에 그 곳에서 살았던 흔적을 남긴 종족이나 민족)은 바구니에 진흙을 발라 사용하다가 아예 저장만을 위한 질그릇을 만들게 됩니다. 때문에 질그릇은 바구니에서 비롯했다는 주장도 오래 전부터 나왔습니다.

중국에서는 양쯔 강 유역에서 대략 1만 4000~1만 3000년 전부터 한랭 건조한 빙하기에서 따뜻하고 습한 기후로 바뀜에 따라 낙엽성 활엽수림이 들어서고, 벼나 견과류 같은 식물성 식료품이 많아지자, 이들 식물성 음식물을 조리하기 위해 질그릇이 출현했다는 견해가 있습니다. 나중에 낙엽 활엽수림이 다른 지역으로 퍼져 나가면서 우리 나라 일대에도 보급되었다고 합니다.

한편 현재 시베리아 동쪽에서 살고 있는 나나이 족은 어류를 조리하고, 짐승 고기를 다듬고, 물고기 기름을 뽑는 일 등에 냄비를 사용합니다. 때문에 아무르 강 유역의 질그릇은 어로 활동의 비중이 커지면서 어류에서 생활 필수품을 얻기 위한 수단으로 등장했다는 주장도 나왔습니다.

이처럼 질그릇은 오랜 빙하기가 끝나고 기후가 따뜻해지면서 주변에 있는 동식물이 변화함에 따라 인간이 환경에 적응하기 위해 발명한 도구의 하나라고 할 수 있습니다. 그런데 이 질그릇이 구석기 생활 양식에서 신석기 생활 양식으로의 변화를 이끌어 간 가장 큰 힘이었던 셈입니다.

질그릇 사용으로 사람들 생활은 어떻게 달라졌을까?

질그릇, 곧 토기란 진흙으로 용기 모양을 만들어 말린 뒤 불에 구운 그릇을 말합니다. 간단한 작업 같지만 이 과정을 거친 그릇은 보통 진흙과는 비교되지 않을 정도로 단단하고, 불에 넣어도 타 없어지지 않는 것은 물론, 물에 적셔도 녹지 않는 전혀 새로운 성질을 띠게 됩니다.

영국의 고고학자 고든 차일드가 "인류가 화학 변화를 적용한 최초의 대사건이었다"고 강조했을 정도로, 질그릇 발명은 인류 역사상 가장 중요한 기술 혁신의 하나입니다.

그렇다면 질그릇을 사용하면서 사람들의 생활에 어떤 변화가 생겼을까요? 첫 번째로 꼽을 수 있는 것은 음식을 익혀 먹고 조리해 먹게 되면서 식료품으로 이용할 수 있는 종류가 많아졌다는 점입니다. 특히 식물성 식량 자원 개발이 많아졌지요. 대표적인 예가 도토리입니다. 도토리는 떫어서 날것 그대로는 먹을 수 없지만, 가루를 내서 물에 개어 질그릇에 넣고 가열해 떫은맛을 우려 내면 귀중한 식료품이 되었습니다. 이러한 식물성 식료품이 늘어남에 따라 많은 먹을 거리를 더 쉽고 더 안전하게 얻게 되어 식생활을 안정적으로 유지할 수 있었습니다.

두 번째로 질그릇을 사용해 음식을 익혀 먹자 음식에 있던 병균이 살균되어 병에 걸릴 확률이 적어졌습니다. 게다가 음식이 부드러워 소화도 잘

되고 영양 흡수도 잘 되었지요. 덕분에 사람들은 건강해지고 수명이 길어
져 인구가 폭발적으로 늘어났습니다.

　세 번째로 질그릇은 곡식이나 식량을 오래 두고 먹을 수 있도록 보관하
는 저장 시설로도 쓰였습니다. 해마다 어느 시기가 되면 기후가 변화하고
계절 또한 바뀌어 식량이 부족한 경우가 많았습니다. 사람들은 이제 거두
어들인 식량을 나중에 이용할 수 있도록 가공해서 저장하고 보존하는 기
술을 발전시켜야 했지요.

　질그릇 가운데 특별히 크게 만든 것은 모두 저장 용기였음을 쉽게 상상
할 수 있습니다. 오랫동안 저장할 방법을 고민하다 보니 질그릇을 이용해
음식물을 삶아서 말리거나 소금물에 절이는 등 여러 형태로 식량을 생산
하게 되었습니다. 또 일찍부터 농사가 발달한 곳에서는 다음 해의 농사를
위해 체계적으로 낟알 곡식을 저장했을 것입니다.

　이 정도면 정말 대단한 사건임이 틀림없지요?

신석기 시대의 질그릇 만들기

불순물 골라내기

질그릇을 만들려면 먼저 찰흙(점토)이 필요하다. 주변에서 찰흙을 구하는 것이 첫 번째 과정이다. 사기 그릇을 만들 때에는 질이 좋은 점토를 구해 잔돌이나 벌레 같은 불순물을 없애고 순수한 점토만을 얻는 작업 과정을 거쳐 재료를 마련하지만, 인류가 처음 질그릇을 제작할 때에는 이 정도로 정교한 작업을 하지 않았다. 대체로 커다란 돌멩이나 나무뿌리같이 눈에 보이는 불순물이나 골라내는 정도였을 것이다.

반죽하기

그러고 나서 점토가 더욱 차지도록 주물러 다지는 과정이 필요하다. 이러한 과정에서 첨가물이 들어가는 경우가 많다. 첨가물이란 보강제라고도 하는데, 질그릇을 만드는 과정 중간에 질그릇이 깨지거나 금가지 않도록 단단하게 하는 물질을 말한다.

점토는 원래 물기를 많이 품고 있는데, 질그릇을 말리거나 굽는 동안 이 물기가 날아가게 된다. 물기가 날아가니 질그릇 표면이 메말라지는데, 젖었던 흙이 딱딱하게 마르니 가뭄 때의 논바닥처럼 좌악 금이 가곤 한다. 또 질그릇을 구울 때 표면의 물기는 급격하게 마르는 한편, 표면 내부의 층에 있는 물기는 그보다 천천히 증발한다. 그러니 표면 위 아래의 균형이 깨져 질그릇이 깨지기 쉽다.

질그릇을 불에 구우면 단단해진다는 사실을 알았지만 불에 구울 때마다 그릇이 깨져 나가 고민을 거듭하던 어느 날, 모래가 섞인 찰흙으로 그릇을 만들어 굽게 되었다. 참으로 우연한 결과였지만 질그릇은 깨지지 않고 전보다 더 단단하게 완성되었다. 드디어 질그릇이 깨지지 않게 하는 방법을 알게 된 것이다. 바로 찰흙에 보강제를 넣는 것이다. 이것은 사실 우연한 발견에 따른 결과였겠지만, 오랜 기간에 걸친 경험을 통해 신석기 사람들이 얻은 지혜이다.

보강제로는 곱돌(활석), 석면, 운모, 돌 가루, 조개 가루, 흑연 등이 쓰이는데 운모와 곱돌이 주로 많이 사용되었다. 운모는 모래 속에 함유되어 있기 때문에 질그릇의 점토를 마련하는 과정에서 뜻하지 않게 들어갔을 수도 있다. 그러나 신석기 유물 중에서 운모가 비정상적으로 많이 들어간 질그릇도 종종 있기 때문에 운모를 일부러 넣은 것이 틀림없다. 곱돌은 가루를 내어 점토에 섞어 사용한다. 곱돌을 넣으면 질그릇 표면이 매끄러워진다.

질그릇 모양 만들기
점토에 보강제를 넣고 반죽을 끝내면 이제 필요한 그릇의 모양을 만든다.

반죽한 점토를 손으로 잘 다듬어 질그릇의 모양을 만드는 방법을 손 빚음법이라고 한다.

또 다른 방법으로, 점토로 폭 3~5센티미터 정도 되는 띠를 여러 개 만들고, 그 띠를 둥글게 말아서 하나씩 위로 붙여 나가면서 질그릇의 몸통을 만드는 방법이 있는데, 이를 테 쌓기 기법이라고 한다.

비슷한 방식으로 긴 점토 띠를 나선형으로 감아 올리면서 질그릇을 만드는 방법도 있다. 이것은 서리기 기법이라고 한다.

테 쌓기나 서리기로 점토 띠를 이어 만든 그릇은 띠와 띠 사이 이음새 부분이 가장 약하다. 신석기 시대의 질그릇 유물을 보면 이음새 부분이 떨어져 나간 것을 흔히 볼 수 있다.

손 빚음법　　　　　테 쌓기 기법　　　　　서리기 기법

박자로 두드리기
질그릇의 기본 모양새를 다 만들면 울퉁불퉁한 표면과 내면을 매끄럽게 다듬는 작업을 한다. 박자라는 도구를 가지고 질그릇의 겉면과 안쪽 면을 가볍게 두드리고 눌러 질그릇의 형태를 완성한다.

무늬 새기기

형태가 다 만들어지면 마지막으로 질그릇 겉면에 무늬를 새긴
다. 무늬는 질그릇이 다 마르기 전에 새긴다. 단단하게 굳어 버
리면 무늬를 넣기가 어렵기 때문이다. 단단한 나무나 뼛조각
을 쥐고 그것으로 흙 바탕에 무늬를 새기는데, 도장처럼 찍
기도 하고 빗금을 긋기도 한다. 우리 나라에서 발견된 신
석기 시대 질그릇의 무늬는 대개 빗살 무늬이다. 빗살 무
늬 토기는 뾰족한 나뭇잎을 표현한 것처럼 보이기도 하
고, 생선 뼈대 모양을 따서 그린 것 같기도 하다.

말리고 굽기

자, 이제 질그릇의 형태가 다 만들어졌다. 이제 그늘에서 말린 뒤 불에 구워야
한다. 불에 굽는 것은 아무나 할 수 있는 일이 아니다. 오랫동안 경험을 쌓아
매우 숙련된 사람만이 할 수 있는 일이다.

장작을 너무 많이 넣어 온도를 급하게 높이면 질그릇이 깨지기 쉽다. 따라서
서서히 온도를 올려 질그릇 속에 남은 물기가 천천히 날아가도록 한 다음에 온
도를 올려 구워야 한다.

질그릇을 굽는 방식은 크게 두 가지가 있다. 한데에서 굽는 방식과 요즘의
가마처럼 밀폐된 공간에 넣어 굽는 방식이다. 당연히 가마에 넣어 굽는 방법이
더 발전한 형태이다.

신석기 시대에는 앞의 방식을 사용해, 적당히 움푹한 구덩이를 만들고 장작
을 쌓아 불을 때고 그 위에 질그릇을 놓고 구웠다. 이런 방식으로는 불의 온도
가 그리 많이 높아지지 않는다. 갇힌 공간에 열을 가해 열이 밖으로 빠져 나가
지 않아야만 온도가 섭씨 800° 이상 올라간다. 따라서 신석기 시대의 질그릇은
대체로 섭씨 800° 보다 낮은 온도에서 구운 것들이다.

그래서 신석기 시대의 질그릇은 다 구운 다음에도 그리 단단하지 못해 안에
물을 넣어 두면 물기가 축축이 배어 들 정도였다. 물에 질그릇의 재료인 흙 알
갱이도 배어 나왔다. 질그릇 표면의 바탕흙에 물이 스며드는 비율이 15퍼센트

정도 된다고 한다. 당시 기술의 한계
이다.

　이러한 방법으로 굽는 데는 특별한
시설이 필요하지 않기 때문에 오늘날
신석기 시대에 질그릇을 굽던 자리를
알아보기란 어렵다. 현재 명확히 신
석기 시대의 질그릇 생산 시설이라고
알려진 유적은 없다. 다만 이웃 중국
에서는 이미 신석기 시대에도 가마에
서 질그릇을 구웠음이 확인되었다.

질그릇 완성

질그릇은 이와 같이 복잡한 과정을 거
치면서 힘을 많이 들여 만드는 것이
다. 따라서 당시에 질그릇은 귀한 물
건으로, 아무 때나 쉽게 만들지는 못
했을 것이다. 어느 집에서 그릇이 필
요해서 개별적으로 만드는 경우도 있
었겠지만, 보통은 마을 전체가 날을 정
해 힘을 합쳐서 서로 도와 만들었을 것
이다. 곧 그릇 하나 깨졌다고 한 개를 만
드는 식이 아니라, 한번 질그릇 제작 작업을
하게 되면 한꺼번에 많이 만드는 식이었을 것
이다. 그만큼 질그릇 빚는 일은 마을의 큰 행사
가 아니었을까?

6

신석기 시대 사람은 어떻게 살았을까

혼례에서 장례까지

씨족 사회의 혼인

"6000년 전 오늘, 지금도 어렴풋이 기억 나. 그 날은 내 결혼식이었지. 아침부터 마을이 떠들썩했어.

마을 한가운데에 있는 마당이 바로 결혼식장이었어. 마을 사람들이 아침부터 마당에 모여 잔치 때 쓸 음식을 만들었지. 그 동안 엄마와 언니가 나를 치장해 주었어. 오늘을 위해 삼촌은 특별히 공을 들여 조가비로 팔찌랑 발찌랑 목걸이를 만들어 주셨지. 귀에는 굽은 옥으로 만든 귀고리를 걸고, 머리는 말아 올려 비녀를 꽂았어.

해가 중천에 떠오르자 사람들이 두 손에 나무 막대기를 쥐고 마당을 빙글빙글 돌기 시작했어. 두 손에 든 나무 막대기를 부딪치며 노래를 부르며 춤을 추니 바람도 나무도 흥겨워했지.

마침내 이웃 마을 신랑이 도착하고, 촌장 할머니께서 신랑을 맞으셨지. 그리고 축제가 이어졌어."

동삼동 조개무지 유적에서 발견된 귀고리의 주인은 우리에게 이런 이야기를 들려 주고 싶을지도 모릅니다. 자, 신석기 시대의 결혼식 장면이 눈앞에 떠오르나요?

이 대목에서 우리가 주목할 것은 한 마을 단위로 결속한 집단입니

다. 이 집단은 씨족 사회였습니다. 씨족 사회가 무엇일까요?

구석기 시대의 인간 사회는 무리를 기본 단위로 했습니다. 수백 만 년 전의 어느 때에 무리 생활을 하던 사람들 사회에서, 한 아내와 한 남편을 축으로 하고, 그 사이에서 태어난 아이들로 구성되는 일부일처제 가족이 탄생했습니다. 구석기 시대 끝 무렵에 이르면 무리는 여나믄 개에서 수십 개에 이르는 가족으로 구성되는 이중 구조를 이루게 됩니다. 이들 무리는 다 같이 공동 생활을 하지만 계절에 따라 가족 단위로 흩어졌다 다시 모이는 과정을 되풀이합니다. 수렵 채집 사회였던 그 때에는 무리 자체가 끝없이 이동을 하며 살아야 했으므로

이렇게 흩어지고 모이는 것은 당연한 일이기도 했습니다.

그런데 신석기 시대에 접어들면서 무리가 옮아 다니지 않고 한 곳에 정착합니다. 이제는 무리 안의 가족끼리 흩어지는 일이 드물게 됩니다. 한 곳에서 함께 일하면 그 생산물이 무리 전체를 먹여 살리고도 남아돌 정도가 되었기 때문입니다.

한 무리의 구성원들은 모두 친족 관계입니다. 이 사람들이 한 곳에 오래 눌러 살다 보니 이들 무리가 곧 지역 공동체가 됩니다. 이렇게 한 마을에 친족 관계로 얽힌 사람들이 모여 사는 것을 씨족 사회라고 합니다. 오늘날에도 우리는 자신의 성(姓)을 말할 때 '경주 김씨', '밀양 박씨' 하는 식으로 어느 지방에서 비롯한 성인지를 밝히는데, 이는 오래 전 씨족 사회의 전통이 남긴 흔적일지 모릅니다.

그런데 씨족 사회의 정착 생활은 인류에게 중대한 문제 하나를 던져 주었습니다. 바로 혼인입니다.

자기 종족 밖에서 배우자를 구한 까닭

이동 생활을 할 때는 여자든 남자든 성년이 되면 다른 무리의 남녀와 만나 짝을 짓는 일이 그리 어려운 일이 아니었습니다.

하지만 한 곳에 눌러 살게 되면서 무리 안의 성년 남녀는 다른 무리와 교류할 기회가 대폭 줄었습니다. 만약 이 때 무리 안에서만 계속 남녀가 짝을 이루게 되면 심각한 문제가 발생합니다. 바로 근친, 곧 가까운 친척 간의 결합으로 일어날 수 있는 문제입니다.

근친 간에 결혼해 아이를 낳으면 유전자가 단순해질 염려가 있다고 합니다. 결혼한 남성과 여성의 유전자가 서로 비슷해서 그렇지요. 간혹 천재가 태어나기도 하지만 보통은 비정상적인 아이가 태어날 확률이 높다고 합니다.

유전자 단순화의 극단적인 예로 단세포 생물의 세포 분열을 생각해 봅시다. 세포가 하나뿐인 단세포 생물일 경우, 어머니 세포에서 태어난 자식 세포는 유전자 구조가 부모와 완전히 똑같습니다. 만약 어머니 세포가 선천적인 기형이라면 그에게서 태어나는 모든 자식은 기형이 됩니다. 여기에서 벗어날 길은 아주 우연히 일어나는 돌연변이밖에 없습니다.

생물이 암컷과 수컷으로 나뉘어 진화한 것은 바로 이런 위험 부담을 벗어나기 위해 적응한 결과입니다. 곧 암컷과 수컷의 유전자를 뒤섞어 전혀 새로운 개체를 만들어 내, 유전자 구성을 다양하게 만드는 것입니다. 근친 사이에 결혼하면 이런 면에서 유전자 구성이 다양해질 가능성이 줄고, 그런 일이 세대에 걸쳐 되풀이되면 유전자 구성이 단순해지게 마련이지요.

인류는 탄생 초기부터 본능적으로 이러한 사태를 피하려고 노력해 왔습니다. 인류만이 아니라 하찮은 식물에서 인류와 가장 가까운 유인원에 이르기까지 모든 생물이 이런 노력을 하는 것을 보면 그리 특별한 일도 아닙니다. 아주 작은 생명체에서도 드러나는 자연의 이치는 이처럼 놀랍고 신비롭습니다.

자기 종족이 아닌 다른 종족에서 배우자를 찾는 족외혼 전통은 이처럼 인류 역사의 초창기부터 있어 왔던, 종족 보존을 위한 지혜라고 할 수 있습니다.

생각보다 세련된 신석기 시대의 유행

멋

오른쪽 그림을 볼까요? 이 여성은 온몸을 아름다운 치레거리로 치장했군요. 짐승 가죽을 몸에 걸치는 수준이었던 구석기 사람에 견주면 놀라운 발전이 아닐 수 없습니다. 도대체 신석기 사회에서 어떤 변화가 일어난 것일까요? 아름다워지고 싶고, 예쁜 것을 좋아하는 인간의 미의식이 드러난 증거라고 볼 수 있습니다. 하지만 더 중요한 것은 왜 이런 미의식을 겉으로 표현하게 됐는가 하는 배경입니다.

우선 생각할 수 있는 것은 정착 생활을 통해 삶의 여유가 많아졌다는 점입니다. 전보다 좀 여유 있게 살게 되자, 신석기 시대의 기술자들은 당장 생활에 필요한 생산 도구말고도 몸치장을 하는 갖가지 장신구를 만들어 냈을 것입니다.

부산 동삼동 조개무지 유적에서는 신석기 사람들의 다양한 치레거리를 볼 수 있다.

흙을 구워 만든 귀고리　돌 귀고리

목걸이　　　　　　　　　　　　　　　　조개 팔찌

머리에 꽂는 뒤꽂이를 사용한 것을 보면 머리를 곱게 빗어 올렸음을 알 수 있습니다. 머리를 올리면 긴 머리카락이 거치적거리지 않아 편합니다. 하지만 꼭 그런 이유 때문만은 아닐 것입니다. 깔끔하게 멋을 내려는 미의식이 발동한 것이지요.

그러나 신석기 시대가 전반적으로 생산 활동과 전혀 관계가 없는 사치품을 만들 정도로 여유로웠을지는 의문입니다. 신석기 시대에도 역시 인간은 자연과 힘겨운 사투를 벌여야 살아남을 수 있는 상황이었습니다.

그렇다면 몸을 치장하는 데 혹시 다른 의도가 있었던 것은 아닐까요? 주술을 거는 의미 같은 것 말이에요. 조가비(조개 껍데기)로 만든 팔찌나 발찌를 하고 바닷가에 나가면 그 날은 조개가 많이 잡힌다고 믿었을 수도 있습니다. 그렇다면 조가비로 몸을 장식하는 건 조개가 많이 잡히기를

발찌(통영 연대도 조개무지)   뒤꽂이

기원하는 주술 행위가 되지요. 또 동물 뼈를 다듬어 만든 장식으로 몸을 치장하고 그러한 동물들이 많이 잡히도록 제사를 올렸을지도 모릅니다.

또 하나 생각할 수 있는 것은 차별 의식입니다. 신석기 시대 후반으로 가면 농업이나 집짐승을 기르는 목축업, 물고기를 잡는 어업의 수준이 매우 높아집니다. 전에는 생산물이 남더라도 마을 공동체 사람들이 골고루 나누어 가지고 간신히 겨울을 나는 정도였지요. 그런데 이제는 남는 생산물을 더 많이 차지하는 집단이 생기기 시작합니다. 이러한 집단에 속한 사람들은 다른 보통 사람들하고는 좀 다르게 보이고 싶은 마음이 생겼을 법합니다. 그래서 몸에 치렁치렁 장신구를 걸쳤을지 모르지요. 하지만 이런 현상은 청동기 시대에 본격적으로 나타난다고 할 수 있습니다.

굽은 옥

치레거리 가운데 잘 살펴보아야 할 것이 있습니다. 동물 뼈나 옥으로 만든, 굽은 옥입니다. 이 굽은 옥은 삼국 시대까지 수천 년 동안 우리 겨레가 대표적으로 애용한 치레거리입니다. 심지어 오늘날의 태극 문양도 이 굽은 옥에서 비롯됐다는 주장이 있을 정도입니다. 우리 겨레는 왜 즐겨 사용하는 치레거리를 이런 모양으로 만들었을까요? 이 굽은 옥 모양은 무슨 의미일까요?

언뜻 보기에 엄마 뱃속에 든 태아 같기도 합니다. 신석기 사람들은 자손을 많이 낳기를 바라는 마음을 태아의 형상으로 나타냈을까요? 그렇다면 태아가 이렇게 생긴 줄은 어떻게 알았을까요?

좀더 심오한 내용을 담고 있을 수도 있습니다. 우리 땅의 신석기 사람들은 처음에는 고기잡이를 주로 했고, 후기에 농사를 짓기 시작합니다.

고기잡이와 농사는 달의 움직임과 관련이 있습니다. 달이 지구를 한 바퀴 도는 주기에 따라 만든 달력이 음력인데, 음력 초하루와 보름날에는 밀물과 썰물의 차이가 가장 크게 납니다. 고기잡이에는 바닷물의 흐름이 중요하지요. 바닷물의 흐름에 따라 물고기가 몰려왔다 몰려갔다 하니까요.

또 철 따라 바닷물의 흐름이 바뀌는데, 이에 따라 우리 해안에서 볼 수 있는 물고기 종류도 달라집니다. 그리고 철 따라 농사를 짓는 데도 음력 날짜에 따르는 것이 더 잘 맞고요.

굽은 옥이 마치 초승달처럼 생긴 것은 바로 이 때문일지 모릅니다. 그렇다면 굽은 옥은 고기가 더 잘 잡히고 농사가 더 잘 되라고 달에 비는 마음을 담은 셈이군요.

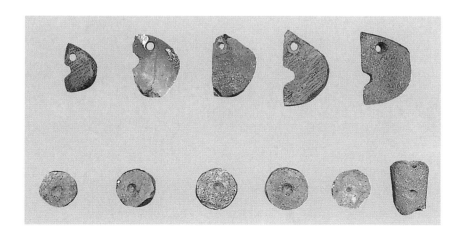

굽은 옥
(충주 조동리)

혼례에서 장례까지　177

하지만 어쩌면 아주 단순한 이유에서 그런 모양이 생겨났을 수도 있습니다. 동물을 사냥해서 고기를 먹고 나면 뼈가 남습니다. 이 뼈를 가지고 바늘이나 방망이와 같은 쓸모 있는 도구를 만듭니다. 그런데 활용할 수 없는 부분이 있습니다. 바로 이빨입니다. 반들반들한 짐승 이빨을 그냥 버리기가 아까워 거기에 구멍을 뚫어 장식용으로 달고 다닙니다. 그리고 이것이 전통이 되어 나중에는 옥으로 이와 똑같은 모양을 만들어 고급 치레거리로 사용했을지도 모릅니다.

식물 섬유로 짠 옷

신석기 시대 유적에서는 가락바퀴라는 것이 많이 나옵니다. 마치 팽이처럼 생긴 이 유물은 바로 실 잣는 도구입니다.

가락바퀴가 신석기 시대 유적에서 비로소 등장하기는 했지만, 그렇다고 신석기 사람들이 처음으로 사용했다고 단정할 수는 없습니다. 아마 구석기 사람들도 오래 전부터 식물에서 섬유를 뽑아 실을 만들어 썼을 것입니다. 그 유력한 증거는 구석기 사람들이 불을 사용할 줄 알았다는 사실입니다.

지금 사람들은 불을 아주 능숙하게 이용하지만 인간이 처음 불을 보았을 때는 무서워 그 옆에도 가지 않았다고 합니다. 그러나 인간은 어느 순간 불을 잘 이용하면 커다란 도움이 되겠다고 생각합니다. 어느 날 벼락이 쳐서 산불이 일어났습니다. 그 때 인간은 불에 타는 나뭇조각 같은 것에서 불씨를 받아다가 다른 나뭇조각이나 나뭇잎을 계속 대어 가며 불씨를 꺼뜨리지 않고 보관했습니다. 그러다

마침내 스스로 돌이나 나무 같은 물체의 마찰열을 이용해 불을 피우는 방법을 알아 냈지요.

처음에 구석기 시대 사람들은 부싯돌을 세게 부딪쳐 불꽃이 일게 해서 불을 피웠습니다. 하지만 돌멩이 없이 나무만 가지고도 불을 피울 수 있었습니다. 마른 나뭇가지와 마른 풀, 질긴 섬유질 끈이 있으면 됩니다(불 피우는 방법은 182쪽에 자세히 그려 놓았습니다).

나뭇가지를 바닥에 고정시키고 가지 중간을 다른 나뭇가지로 계속 비비면 마찰열이 일어나 나뭇가지가 뜨거워지면서 연기가 모락모락 피어납니다. 이 때 풀을 갖다 대면 불꽃이 피어나지요. 그런데 손으로 가지를 비비자니 손바닥이 까지기 일쑤입니다. 그래서 활을 만들어 비비는 방법을 개발했는데, 불을 피울 정도로 비벼 대려면 그만큼 활의 끈이 질겨야 했습니다. 바로 이 과정에서 식물 섬유를 얻는 지혜를 깨닫게 된 것이지요.

우리 땅에서는 삼, 모시풀 껍질로 그런 끈을 만들었을 것입니다. 이 중에서도 삼 껍질이 맨 처음 섬유의 재료로 쓰였습니다.

삼은 온대 지방에서 자라는 한해살이 풀로, 그 껍질에 강한 섬유질이 포함되어 있습니다. 삼을 물에 담가 불렸다가 벗겨 낸 껍질에서 한 겹 더 떼어 내면 하얀 속껍질이 남습니다. 이 속껍질을 물에 불린 다음 몽둥이로 두들기면 가는 섬유가 한 올 한 올 떨어져 나옵니다. 이 섬유를 여러 겹 꼬아서 길게 연결하면 삼 실이 됩니다. 이 때 삼 실을 꼬아 실 타래를 만드는 데 가락바퀴를 사용한 것은 실을 자아내는 기술이 꽤 높은 수준에 이르렀음을 의미합니다.

삼베의 원료인 삼

유물이 발견되지는 않았지만 삼 실로 옷감을 짜는 초보적인 베틀도 있었을 것입니다. 그러나 베틀은 나무로 만들었을 테니 다 썩어 버려 지금 남지 않게 되었으리라 생각합니다. 대신 돌을 갈거나 흙을 구워 만든 가락바퀴는 많이 남아 있습니다.

가락바퀴에 막대기(가락)를 빠지지 않도록 꽉 끼운 다음, 막대기에 섬유를 잡아매고 가락바퀴를 돌리면 막대기가 함께 돌면서 섬유가 꼬입니다. 그렇게 계속 가락바퀴를 돌리다 보면 섬유가 꼬여 만들어진 실이 둥글둥글하게 말린 실 타래가 생기겠지요.

실이 만들어지면 짐승 뼈를 깎거나 갈아 만든 뼈바늘에 꿰어 바느질을 했습니다. 평안 남도 온천군 운하리 궁산 유적과 함경 북도 선봉군 굴포리 서포항 유적에서 뼈바늘이 출토되었는데, 그 중에는 삼 실이 꿰인 채로 나온 것도 있었습니다. 서포항 유적에서는 뼈바늘을 보관하는 바늘통도 출토

가락바퀴들(제주도)

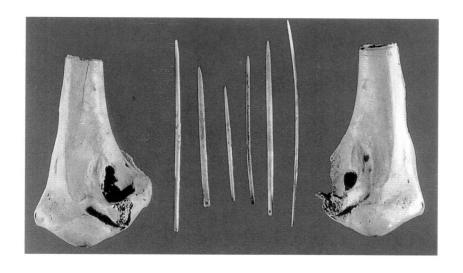

되었습니다. 신석기 사람들이 옷을 해 입었다는 증거이지요.

서기전 4000년 무렵 중국 북서부에서는 삼 실로 천을 짜서 사용했습니다. 신석기 문화가 중국 북부와 시베리아를 거쳐 한반도에 이르렀다고 본다면, 이즈음 이 땅에 살던 우리 겨레의 조상들도 삼베 옷감을 짜서 옷을 만들어 입었음에 틀림없습니다.

삼베말고 동물이나 큰 물고기의 가죽도 옷감으로 사용했을 것으로 추정됩니다. 그리고 옷에 무늬도 그려 넣었으리라 생각합니다. 점을 찍거나 줄을 긋고, 네모 · 세모 · 동그라미 · 별 같은 도형을 그려 넣거나, 주술적인 내용을 담은 무늬를 장식하지 않았을까요?

빗살 무늬 토기의 무늬
신석기 사람들은 옷에도 이러한 무늬를 그려 넣지 않았을까?

불 피우는 방법

| 손으로 비비기 |

불을 피울 나뭇가지나 줄기를 바닥에 고정시키고 다른 나
무 막대를 세워 비빈다. 한참 비비다 보면 바닥의 나
무와, 비비는 막대가 닿는 부분에 연기가 모락모락 일
어난다. 이 때 연기가 나는 부분에 지푸라기나 마른
잎을 가져다 대면 불씨가 옮겨 붙는다.

| 활로 비비기 |

활의 시위를 꼬아 나뭇가지에 걸고 활을 앞으로 뒤로 밀면
나뭇가지가 제자리에서 빙빙 돈다. 가지가 돌아갈
때마다 바닥에 고정시킨 나무와 마찰이 일어난
다. 마찰이 이는 부분에 열이 올라 연기가 일어
난다.

| 끈을 감아 비비기 |

가로로 뻗은 손잡이 막대를 힘 주어 내리면 세로로 선
가지(송곳자루) 끝에 감긴 끈이 풀렸다 다시 감긴다.
끈이 풀렸다 감기는 힘으로 송곳자루가 빙글빙글 돌
아간다. 여러 차례 손잡이 막대를 내렸다 올렸다 하
여, 송곳자루가 돌면서 생긴 마찰열을 이용해 불씨를
얻는다. 송곳자루 아래쪽에 돌로 만든 원반을 끼워
무게 중심을 잡는다.

씨족 회의를 이끄는 어른, 촌장

화창한 어느 봄날, 동해안의 신석기 마을

마을 전체가 모여 회의를 열었습니다. 100명쯤 되는 마을 구성원을 대표하는 어른 15명이 한가운데에 자리를 잡았습니다. 마을 촌장이 개회를 선언하자 곧바로 당면한 문제를 놓고 토의에 들어갑니다.

한 어른이 일어나 "다 아시다시피 지난번 사냥 때 이웃 마을 사람들이 약속을 깨고 우리 마을 뒷산에 들어온 노루를 잡아갔습니다. 서로 간에 사냥 구역이 있는데 그것을 위반했으니 이웃 마을에 항의를 하고 그 보상을 받아 내야 합니다" 하며 울분을 토합니다. "우리 마을에는 산과 내를 경계로 활동 구역이 나뉘어 있어 각자의 영역을 침범하면 안 된다는 약속이 예부터 내려오고 있습니다. 그런데 그 약속을 깨뜨렸으니……."

회의장은 일순간 조용해졌습니다. 가끔 있는 사고이지만 이를 해결하기란 쉽지 않은 노릇. 촌장이 나설 순간입니다.

"무슨 나쁜 마음을 먹고 그러지는 않았을 것으로 봅니다. 이웃 마을 뒷산에서 노루를 보고는 그 뒤를 쫓다가 우리 마을까지 들어온 것이니 그냥 넘어가면 좋겠습니다. 다만 다시 이러한 일이 있으면 사냥한 짐승을 공평하게 반으로 나누어야 한다고 이웃 마을 촌장에게 분명히 말해 둡시다. 여러분은 어떻게 생각합니까?"

모두 "옳소!", "좋습니다"를 외치면서 사건을 매듭 짓습니다.

이것은 가상으로 엮어 본 씨족 회의의 한 토막입니다. 이 이야기에서 말하고자 하는 것은 씨족 사회는 개인의 사유 재산이 아직 존재하지 않고 공동 생산과 공동 소비가 이루어지는 평등한 사회라는 점입니다. 같이 일하고, 일해서 얻은 것을 공평하게 나누어 가지는 것이 원칙입니다.

그렇다면 촌장의 지위는 무엇일까요? 지배자가 아닐까요? 아닙니다. 그는 마을을 지배하는 권력자가 아닙니다. 그는 마을의 다른 사람들보다 재산을 많이 갖고 있지도 않고, 맘대로 지시나 명령을 내릴 권한도 없습니다. 촌장은 단지 어른 중의 어른일 뿐입니다. 갈등이나 다툼을 중간에서 조정, 중재하는 사람이지요. 그래서 촌장은 지배자가 아니라 지도자입니다. 또한 촌장은 마을 밖에서 자기 마을을 대표합니다. 앞의 이야기에서처럼 씨족과 씨족 사이에 갈등과 불화가 일어날 수 있습니다. 이 때 촌장은 조정자라기보다 자기 마을을 대표해서 씨족의 이익을 지켜야 하는 처지에 서게 됩니다.

집단과 집단 사이의 갈등이 원만히 해결되는 경우도 있겠지만, 그렇지 않은 경우도 있습니다. 이 때 인류는 전쟁이라는 발명품을 만들어 냈습니다. 한반도의 씨족 사회 사이에서 전쟁이 벌어졌다는 증거는 아직 없습니다. 전쟁은 신석기 시대보다 나중에, 청동이라는 금속을 만들어 낼 줄 알게 된 시기(청동기 시대)에 집단 간의 갈등 끝에 생겨났기 때문입니다. 그러나 신석기 시대 말에 이르러 사람들이 공동으로 먹고 생활하고도 남을 만큼 식량을 생산하는 능력이 높아지면, 자연히 사람과 사람, 집단과 집단 간에 갈등과 다툼이 일어났을 것입니다.

네 팔찌가 좋으니 내 그릇과 바꾸자!

교역

신석기 시대 사람들이 마을의 좁은 울타리에 갇혀 살았으리라고 생각하면 잘못입니다. 그들은 우리가 생각하는 것보다 훨씬 넓은 범위를 이동하며 교역을 했습니다. 교역이란 어느 한 장소에 사는 사람이 다른 장소로 가서, 자기네 고장의 물건을 내놓고 대신 다른 고장의 물건을 얻는 것입니다.

　이렇게 교역을 하는 이유는 여러 가지가 있지만, 기본적으로 생활에 필요하지만 주변에서 얻지 못하는 것을 얻기 위함입니다. 이러한

신석기 시대에 남해안 사람들과 일본 규슈, 중국 랴오둥 반도, 산둥 반도 사람들은 배를 타고 왕래했다.

랴오둥 반도

산둥 반도

규슈

통영 연대도(위)와 부산
동삼동(옆) 조개무지에서
출토한 흑요석

흑요석

나무 자루

교역 활동을 하는 과정에서 다른 지방의 기술이나 문화가 알려져, 결과적으로 문화가 퍼져 나가는 계기가 됩니다.

교역은 어느 한 장소의 사람과 물건이 다른 장소로 옮아 가는 것이기 때문에, 그 흔적을 추적할 수 있습니다. 그래서 고고학자들은 옛 유적에서 그 흔적을 확인합니다. 예를 들어 우리 나라 남해안에서는 흑요석이 나지 않습니다. 그런데 남해안의 신석기 시대 유적에서는 흑요석이 많이 나옵니다. 이것은 남해안 사람들이 흑요석을 어디에선가 가지고 왔다는 뜻입니다.

흑요석의 교역 통로

흑요석은 화산 지대에서만 나는, 유리같이 빛나는 암석입니다. 용암이 굳는 과정에서 생겨나는 것이어서 화산 지대가 아닌 곳에서는 구할 수가 없습니다. 흑요석은 작살과 같이 예리한 도구를 만드는 데 매우 쓸모 있는 재료입니다.

고고학자들은 X선 형광 분석이라는 자연 과학적 분석 방법을 통해 부산 동삼동 유적에서 나온 흑요석의 산지를 추적해 보았습니다. 그랬더니 일본 열도를 이루는 큰 섬들 중 제일 남쪽에 있는 섬인 규슈 북서부에서 난 흑요석임이 밝혀졌습니다. 이것은 어떤 의미일까요? 바로 당시 남해안에 살던 사람들이 일본 규슈 지방 사람들과 바다를 건너 서로 왕래했음을 뜻합니다.

이러한 교역의 증거는 또 있습니다. 우리 나라 남해안 지방의 조개무지에서 일본의 신석기 시대(조몬 시대) 질그릇이 출토된 일입니다. 우리 남해안의 신석기 사람들이 어떤 방식으로든 규슈 지방 사람들과 왕래했다는 이야기이지요. 반대로 일본 규슈 지방에서도 우리 신석기 시대의 질그릇이 발견됩니다.

아마 양쪽 사람들은 배나 뗏목을 타고 왕래했겠지요. 그리고 일본 규슈 지방 이키 섬에서 흑요석이 많이 나오기 때문에, 한반도의 신석기 사람들이 그 곳에서 흑요석을 원석 그대로 들여왔을 가능성도 큽니다.

동삼동 조개무지에서 일본의 신석기 시대 질그릇인 조몬 토기 조각이 발견되었다.

오산리의 덧무늬 토기
진흙으로 띠를 덧대어 모
양을 낸 질그릇을 덧무늬
토기라 한다. 빗살 무늬 토
기가 널리 사용되기 전에
나타났다가 곧 사라졌다.

강원도 양양군 오산리에서는 흑
요석과 함께 띠 모양으로 장식을
두른 원시적인 질그릇이 나와, 우
리 땅에서 신석기 시대가 시작된
시기를 서기전 6000년 무렵으로
끌어올리는 계기가 되었습니
다.(그리고 제주도 북제주군 한경면
고산리에서 서기전 8000년 무렵의
질그릇 조각이 나왔습니다.) 그런데
오산리에서 나온 흑요석을 형광 X
선으로 분석한 결과, 그 돌의 원산지가 백두산으로 밝혀졌습니다.
백두산에서 동해안을 따라 오산리까지 흑요석을 거래하기 위해 사
람들이 왕래했다는 말이군요.

다양한 교역 물건들

농사를 짓기 시작하면서 신석기 시대 사람들은 고기잡이를 위주로
하는 집단과 농경을 위주로 하는 집단으로 나뉘었고, 서로 필요한
물건을 교역 활동을 통해 구했습니다.

따라서 교역을 한 품목은 흑요석만이 아니었습니다. 의·식·주 생
활에 필요한 짐승의 털가죽과 말린 생선, 그리고 여러 치레거리나
짐승 뼈로 만든 도구, 나무로 만든 물건 따위가 교역의 대상이었고,
그물이나 삼베 같은 천도 거래했을 것입니다.

서해안 지방 사람들은 남해안 사람들과도 교류했지만, 중국 랴오둥 반도와도 가깝기 때문에 중국 사람들과 어느 정도 교류를 했을 것입니다. 그 수가 많지는 않지만 서해안 지방 전체 범위에서 중국 동북 지방의 채색된 신석기 시대 그릇(채문 토기)과 랴오둥 반도에 흔한 반달칼 등이 나왔습니다. 이는 당시 서해를 중심으로 그 주변에 살았던 사람들이 서로 왕래했음을 보여 주는 예입니다.

　부산의 동삼동 유적에서는 조개 팔찌가 수천 점이나 나왔습니다. 이것은 동삼동 사람들이 쓰기에는 너무 많은 양으로 아마 주변 지역과 교역을 하기 위해 만든, 말하자면 상품일 것입니다. 이 곳에서 만든 팔찌가 우리 땅의 서해안과 동해안뿐 아니라 일본의 규슈까지 갔겠지요.

　이처럼 교역을 위해 물건을 많이 만들었다면, 교역이 당시의 일반적인 생활 관습이었다는 이야기가 됩니다. 바닷가에 사는 사람들은 바다에서 나는 것을 가지고 내륙 지방 사람들과 교역했을 것입니다. 실제로 충청 북도 단양군 도담리의 신석기 시대 유적에서는 그 곳이 내륙 지방인데도 투박조개로 만든 팔찌가 발견되었습니다. 아마 남해안 지방 사람들과 교역해서 얻은 물건이겠지요.

　이 밖에도 여러 가지 교역의 예가 있는데, 질그릇을 만들 때 사용하는 첨가물을 교역한 것도 그 가운데 하나입니다. 질그릇을 만들 때 들어가는 첨가물 중에는 석영이나 곱돌 같은, 특정한 지역에서만 나는 광물이 있습니다.

　이러한 광물은 질그릇을 단단하게 해 주기 때문에 질그릇을 만드는 곳이라면 어디에나 필요한 재료입니다. 그러나 특정한 장소에서

만 구할 수 있기 때문에 이런 광물이 나지 않는 지방 사람들은 교역을 통해 이 광물을 구했습니다. 그 예로 서울 암사동이나 서해안의 유적에서 곱돌을 넣어 만든 질그릇이 발견되는데, 곱돌은 이들 지방에서 구할 수 없는 것입니다. 아마 황해도나 다른 지방에서 구했겠지요.

장례식, 죽음의 슬픔을 딛고

그 동안 기쁨과 슬픔을 함께 나누던 마을 사람이 세상을 떠났습니다. 오늘은 장례식 날. 마을 변두리의 양지 바른 곳에 마을 사람들이 모여 슬픈 마음을 나눕니다.

땅을 파 묏자리 바닥을 편평하게 고르고 그 위에 시신을 눕힙니다. 시신의 머리가 동쪽을 향하도록 합니다. 해가 뜨는 동쪽에 신들의 세계가 있다고 믿기 때문입니다. 곧 떠난 이의 영혼이 그 곳으로 쉬이 갈 수 있도록 배려하는 것이지요.

가족은 눈물을 주체하지 못하고 슬피 울며 시신 주위에 그가 평소 쓰던 물건을 놓아 줍니다. 돌도끼, 돌칼, 화살촉을 놓고, 질그릇에 먹을 것을 담아 머리맡에 놓습니다. 저승 가는 길에 배곯지 않도록.

고인과 마지막으로 이별하는 순간. 모인 사람들 모두 한 명씩 시신에 꽃을 뿌려 줍니다. 그리고 그 위에 흙을 덮어 작은 봉분을 만듭니다. 그리고 봉분 앞에 무덤이란 표시로 막대기를 꽂아 놓습니다.

앞으로 분주히 살다 보면 어느덧 고인을 잊겠지요. 하지만 길을 지나다 가끔 이 봉분을 바라보고는 고인의 생전 모습을 아련히 떠올리곤 할 것입니다.

사랑하는 사람의 죽음은 슬픕니다. 주체할 수 없이 슬픈 이 감정은 인간만의 것이며, 인간이 일구어 온 위대한 정신 문명의 산물이기도 합니다. 우리는 아주 오래 된 무덤 유적을 보면서 당시를 살았던 사람들의 문화를 실감합니다.

두만강 연안의 함북 선봉군 용수동, 회령군 봉의리에서 신석기 시대 무덤 유적이 발견되었습니다. 시신 여러 구를 반듯이 누이고 시신의 머리는 동쪽으로 두었습니다. 삼국 시대에 들어서면 대개 시신은 한 구씩 묻고 머리는 북쪽을 향하게 합니다. 이는 신석기 시대와 삼국 시대 사이에 중대한 문화 변동이 일어났음을 암시합니다.

신석기 사람들은 해가 뜨는 동쪽을 신성하게 여겼던 듯합니다. 어쩌면 당시에는 태양신을 숭배했을지 모릅니다.

경상 북도 울진 후포리에서도 무덤이 발견되었는데, 이 곳의 무덤은 시신을 다른 곳에서 처리한 뒤 뼈만 추려서 묻었고, 또 여러 시신의 뼈를 함께 묻었습니다. 여러 시신을 함께 매장한 사실은 씨족 사회에서는 무덤을 같이 쓸 만큼 서로 굳건히 결속했음을 뜻합니다.

시신과 함께 묻은 물건을 껴묻거리라고 하는데, 신석기 사람들이 돌도끼와 돌칼 같은 껴묻거리를 묻은 것은 죽은 뒤에 갈 다음 세상이 있다고 굳게 믿었다는 증거입니다. 죽은 사람에게 돌도끼와 돌칼이 무슨 소용 있겠습니까. 그런데 당시 사람들은 죽은 뒤 저승에 가

신석기 시대의 무덤 유적(울진 후포리)
껴묻거리로 묻은 돌도끼들이 보인다.

서도 살았을 때와 똑같이 생활한다고 생각해서, 당시 생활에 꼭 필요하던 돌도끼와 돌칼을 넣어 준 것입니다. 게다가 죽은 자가 배고프지 않도록 질그릇에 먹을 것을 담아 넣었습니다.

장례는 마을의 큰 행사였습니다. 의식이 발전할수록 복잡한 절차와 규범을 갖추게 되고, 이것은 문화 양식의 하나로 굳어집니다. 오늘날 우리는 장례나 제사 절차가 너무 복잡해 부담스러워하기도 합니다. 시대에 맞지 않는 절차나 규범은 시대에 맞게 고쳐 나가야 하지만, 그 복잡한 의식 속에는 우리 겨레가 살아온 흔적이 고스란히 담겨 있습니다.

신석기 시대의 매장 풍습

무덤이란 사람의 시체를 매장한 시설입니다. 무덤에는 여러 가지 방식이 있는데, 이를테면 구덩이를 파고 시체를 펴거나 구부려서 묻는 방식, 임시로 매장했다가 다시 뼈를 추려서 뼈만 매장하는 방식, 질그릇에 뼈를 넣고 묻는 방식이 있습니다.

현재까지 우리 나라에서 신석기 시대의 것이 분명하다고 밝혀진 무덤은 많지 않습니다. 남해안의 연대도, 욕지도, 부산 범방동에서는 조개무지 유적을 발굴하다가 조개 더미 아래에 무덤이 있음을 알게 되었습니다. 이들 무덤에서는 특별한 시설 없이 땅을 조금 오목하게 파고 시신을 펴서 묻었습니다.

연대도에서는 질그릇과 함께 돌도끼, 숫돌, 귀고리, 발찌, 팔찌 들이 껴묻거리로 나왔습니다. 질그릇은 시신을 안치한 뒤 일부러 깨뜨려 그 조각을 덮었습니다. 질그릇을 깨어 덮은 것은 의식의 한 절차라고 볼 수 있습니다. 청동기 시대의 고인돌 근처에서도 질그릇을 깨뜨려 뿌린 듯한 흔적을 여러 곳에서 볼 수 있습니다.

울진 후포리에는 바닷가에 면한 언덕 꼭대기에 집단 무덤이 있었습니다. 지름이 약 4미터쯤 되는 구덩이에서 여러 사람의 뼈가 출토되었지요. 이 곳에서 나온 사람 뼈는 시신을 넣은 뒤 남은 뼈가 아니라, 시신을 다른 곳에 두었다가 뼈만 따로 추려 다시 묻은 것입니다. 이런 장례 방법을 두 번 묻는다 해서 '두벌묻기', 뼈를 씻어 묻은 무덤이라고 해서 '세골장(洗骨葬)'이라고도 합니다. 상당히 많은 돌도끼가 사람 뼈를 덮듯이 깔려 있어, 돌도끼를 넣는 것도 장례 의식의 하나였음을 짐작할 수 있습니다. 뼈만 추려서 묻은 예는 신석기 시대

독무덤 출토 당시의 모습과 복원된 독널
(부산 동삼동 조개무지)

진주 상촌리에서 발견된 독무덤과 그 안에서
나온 다른 독널

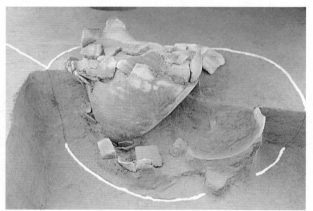

에 흔하지 않습니다.

강원도 춘천 교동의 동굴 유적은 처음에는 집자리였는데 다시 무덤으로 쓴 것으로 보입니다. 발굴 당시 세 사람의 뼈가 발을 중앙으로 모은 채 각각 동·서·남쪽으로 머리를 향하고 반듯이 묻혀 있었습니다. 그리고 질그릇과 돌도끼를 비롯해 석기가 많이 출토되었습니다.

부산 동삼동과 경상 남도 진주 상촌리에서는 질그릇에 뼈를 넣은 무덤이 발견되었습니다. 이런 무덤은 항아리(독)에 뼈를 넣고 묻었다고 해서 '독무덤'이라고 합니다.

질그릇 항아리에 사람 뼈를 넣고 매장하는 풍습은 세계 여러 곳에서 그 흔적이 발견되었습니다. 우리 나라에서 청동기 시대의 독무덤은 진작에 발견되었으나, 신석기 시대의 독무덤은 최근 들어 알려졌습니다.

작은 항아리에 사람 뼈를 넣으려면, 일단 임시로 매장해서 뼈만 남고 다른 부분이 모두 썩을 때까지 기다립니다. 그리고 나서 뼈를 추려 항아리에 넣습니다. 아니면 화장(火葬 : 죽은 사람의 몸을 불에 태워 장례를 치르는 일)을 해서 남은 뼈만 넣었을 가능성도 있습니다.

신석기 시대의 매장 유적은 많지 않지만, 구덩이 무덤, 조개무지 무덤, 독무덤 등 매장 방식이 다양함을 알 수 있습니다. 이것은 지방마다 문화가 다른 데서 비롯했겠지요.

신석기 사회의 운영 원리, 자연물 숭배

신앙과 예술은 하나

과거로 거슬러 올라갈수록 인간은 자연 환경에 크게 의존할 수밖에 없었습니다. 자연에 대처할 수 있는 도구와 기술이 미숙했기 때문이

흙으로 만든 멧돼지
(통영 욕지도)

지요.

천둥이 치며 큰 비가 내리고, 아니면 가뭄이 들어 곡식이 다 말라 죽고, 또 바닷가에서는 폭풍이 몰아쳐 파도가 마을을 휩쓸어 버릴 듯이 날뛸 때, 사람들은 공포에 떨며 무언가 신과 같은 존재에게 구해 달라고 외치게 됩니다.

또 갑자기 전염병이 돌아 마을 사람들이 픽 픽 쓰러질 때도 있고, 큰 산짐승과 맞서다가 사람이 다치거나 죽을 때도 있습니다. 사람은 언제 어떤 일을 겪을지 몰라 늘 불안합니다.

이러한 불안이 가라앉고 모든 재앙이 사라져 마을이 평화롭게 번영하기를 바라는 마음에서 사람들은 자연에 대고 빌게 됩니다. 그 대상은 오래 살아 거룩하게 느껴지는 나무 같은 자연물이나, 힘세고 신성하게 느껴지는 범 같은 동물이 됩니다. 자연물에 영혼이 있다고 믿는 것을 애니미즘이라고 하며, 짐승을 숭배하는 것을 토테미즘이라고 합니다.

고고학적으로 자연을 숭배하는 믿음의 흔적을 알아보기란 어려운 일입니다. 단순한 치레거리인지 특정한 믿음의 유물인지 구별하기 어렵기 때문이지요.

그러나 신석기 시대의 갖가지 치레거리에는 기본적으로 이러한 믿음이 어느 정도 배어 있다고 봐야 합니다. 특히 동물이나 사람 형상을 본뜬 것들은 풍요와 사냥이 성공하기를 비는 주술적 의미를 지

흙으로 만든 개머리 조각
품과 여성상(청진 농포동),
조개 껍데기로 만든 인물
상(부산 동삼동)

닌 것으로 볼 수 있습니다.

　함북 선봉군 굴포리 서포항 유적에서는 멧돼지 이로 만든 뱀, 짐
승 뼈로 만든 인물상이 나왔습니다. 함북 청진의 농포동 유적에서는
흙으로 만든 여성상과 개머리 소조품이 출토되기도 했습니다.

　이 밖에 아주 단순하게 사람 얼굴 모양을 표현한 것도 있
습니다. 강원도 양양 오산리 유적에서는 흙으로 만든
사람 얼굴상이 나왔는데 눈과 코, 입 모양을 단순
하게 손으로 눌러 표현했습니다. 그리고 흙을
빚어 흙인형(토우)을 만들었습니다. 흙인형
가운데 곰 모양 흙인형은 숲 속의 왕자라 불
리는 곰을 형상화한 것인데, 당시 사람들의
곰 숭배 신앙을 잘 보여줍니다. 조개 가면은
마을 공동으로 하는 의식이나 축제 때 사용
된 것으로 실제로 얼굴에 썼다기보다는 의식

흙 인물상(양양 오산리)

행위에 쓸 목적으로 만든 것 같습니다. 분명 누군가 조개를 까먹고 나니 그 껍데기가 눈에 띄었을 것입니다. 이것으로 무언가를 표현해 볼까? 주인공은 구멍 세 개를 뚫었습니다. 아마 그 조개를 먹은 자신의 얼굴을 표현하려고 했겠지요. 어쩌면 바닷가에 지천으로 널린 조개처럼 자식을 많이 낳기를 바라는 마음을 담았는지도 모르지요.

이와 같이 사람이나 동물을 표현한 것은 그러한 대상과 연관되는 어떤 신앙의 표현, 예를 들어 풍요를 기원한 것이라 해석할 수 있습니다.

이들 유물은 모두 자그맣고, 일부는 한쪽에 구멍이 뚫려 옷에 매달 수 있습니다. 우리는 이것을 예술품으로도 이해할 수 있습니다. 곧 예술과 신앙이 아직 갈라지지 않은 상태라고 할 수 있지요

5000년 전 질그릇에 그려진 사슴 그림

우리 나라에서 가장 오래 된 회화로 추정되는, 사슴 그림이 그려진 질그릇 조각이 부산 동삼동 조개무지에서 발견되었습니다. 부산 시립 박물관은 이 동삼동 조개무지에서 발굴한 유물을 정리하다가 신석기 시대 바리 모양 질그릇 조각에 새겨진 사슴 그림을 확인한 것이지요.

질그릇 조각은 원래 1999년 동삼동 정화 지역 발굴 조사 때 출토되었지만, 당시 출토된 질그릇 조각만 해도 수만 점에 이르는데다 그림의 선이 가늘고 흙으로 두껍게 덮여 있어 유물을 물로 씻는 정리 과정에서 2004년에 뒤늦게 발견했다고 합니다.

서기전 3000년 무렵의 것으로 추정되는 동삼동 조개무지 다섯 번째 층에서 조, 기장 등과 같이 나온 이 질그릇은 서기전 3300∼3000년에 만든 것으로 추정됩니다. 조각은 가로 13센티미터, 세로 8센티미터 크기로 겉면에 사슴이 두 마리 그려져 있습니다. 아마 완전한 그릇이 있었다면 그릇 둘레 전체에 그림이 있었을 것 같아요.

그림은 뼈나 대칼 같은 날카로운 도구를 이용해 별다른 장식 없이 사슴의 특징만 잡아 단순하게 그렸습니다. 그 동안 신석기 시대 질그릇은 빗살 무늬 토기처럼 다양한 기하학적 무늬를 새긴 것이 많이 발견됐는데, 직접 동물을 그린 것이 발견되기는 이번이 처음입니다.

이 그림은 신석기 시대에 원시적인 미술 행위가 있었음을 엿보게 합니다. 그리고 그림 그리는 수법이 청동기 시대 유적으로 추정돼 온 울산의 반구대 암각화와 거의 비슷해 암각화를 그린 시기도 올라갈 가능성을 높여 주었습니다.

금속 문명의 발명, 원시 시대가 끝나다

오랜 세월이 지나는 동안 사람들은 구리(동)를 발견했습니다. 이것으로 여러 가지 도구를 만들어 썼지요. 그런데 구리는 너무 물러서 다른 금속을 섞었더니 아주 단단하게 굳었습니다. 이것이 바로 청동입니다.

청동으로는 도끼, 칼, 활촉 등 여러 가지 도구와 물건을 만들었습니다. 여러분도 잘 알듯이 그것을 청동기라고 합니다. 이것으로 농사도 짓고 짐승도 잡으니 사람들의 생활은 훨씬 좋아졌습니다.

그 뒤 사람들은 쇠(철)를 발견하여 생활에서 필요한 노동 도구와 무기를 만들었습니다.

이렇게 우리 땅에서는 멀고먼 옛날부터 사람들이 다 같이 일하고 함께 나누어 먹으면서 살았습니다. 역사에서는 그 시대를 가리켜 원시 사회, 또는 원시 시대라고 합니다. 원시 사회는 백 수십만 년이나 계속되다가 금속을 발명하면서 끝나고 더 나은 단계의 사회로 발전합니다.

선사 시대의 수수께끼를 푸는 학문, 고고학

그 먼 예날 신석기 시대 사람들의 장례 절차와 방법을 오늘날의 우리가 어떻게 알 수 있을까?

그것은 바로 고고학이라는 학문 덕분이다. 고고학은 글자로 기록되지 않은 시대에 살았던 사람들의 생활 흔적을 발굴이라는 방법을 통해 찾아내고, 당시 생활상을 새롭게 복원해 내는 학문이다. 물론 옛 사람들의 흔적을 찾아냈다 해서 그것이 곧바로 무언가를 이야기해 주지는 않는다.

처음 돌멩이가 하나 나왔을 때 그것이 무엇에 쓰인 물건인지 바로 알아차리지는 못한다. 유물이 하나 나오면 나중 시대에서 그와 비슷한 유물이나 현재 사용하는 물건과 비교하여 그 용도를 추적한다. 가능한 여러 방법을 통해 합리적으로 해석하는 과정을 거쳐 과거의 생활에 다가갈 수 있다.

탐정이 작은 실마리 하나를 가지고 수수께끼와 같은 사건을 해결해 나가듯, 고고학자들도 옛 사람들이 남긴 작은 유물 하나를 가지고 과거의 사회 모습을 다시 그려 낸다.

유물은 스스로 말하지 않는다. 이 말은 고고학자나 역사학자들이 유물과 유적을 어떻게 해석하느냐가 얼마나 중요한지를 말해 준다. 우리 속담에 구슬이 서 말이라도 꿰어야 보배라는 말이 있다. 단편적으로 흩어져 있는 정보는 별 의미가 없지만 그것을 연결하여 체계적으로 이어 보면 과거 생활을 훌륭하게 복원할 수 있다. 유물 하나 하나를 바늘과 실로 구슬을 꿰듯 엮어 내는 것이야말로 바로 고고학자와 역사학자가 하는 일이다.

무에서 유를 창조하는 고고학자, 진정한 발명가라고 할 수 있지 않을까? 여러분도 한번 고고학자를 꿈꿔 보시라.

새김 무늬 토기

덧무늬 토기

제주도 고산리 지역에 살던 사람들, 원시 민무늬 토기, 새김 무늬 토기, 덧무늬 토기를 만들다.

빗살 무늬 토기

우리 땅의 사람들, 빗살 무늬 토기를 사용하다.

황해 북도 봉산군 지탑리 지역에 살던 사람들, 피·조를 먹다.

돌보습, 낫, 괭이를 가지고 농사를 짓기 시작하다. 집짐승을 기르고 움집을 지어 마을을 이루다.

| 서기전 8000년 | 서기전 5000년 | 서기전 4000년 |

이라크 북부 카림샤히르 지역에 살던 사람들, 야생 보리를 먹다.

중국 : 양사오 문화 시대

황허 유역의 여러 곳에서 나타난 양사오 문화는 높은 수준으로 발달한 신석기 문화이다. 색을 칠하고 무늬를 넣은 토기, 조·기장 농사가 특징이다. 양사오 문화를 일군 사람들은 돼지나 개도 집에서 길렀다.

양사오 토기

일본 : 조몬 시대

조몬 토기 일본의 신석기 시대를 '조몬 시대'라 한다. 서기전 1만 5000년 무렵부터 시작. 밤, 콩, 메밀, 들깨, 옻과 밭벼 들을 경작했다.

신석기 문화가 발전한 과정
— 질그릇, 간석기, 농경

번개 무늬 토기

평양 남경 지역에 살던 사람들, 빗살 무늬 토기와 함께 번개 무늬 토기, 덧띠 토기도 사용하다.

가지 무늬 토기

질그릇에 무늬를 그려 넣고 색깔을 입히다.

서기전 1500년 무렵 경기도 일산 가와지·김포 가현리 지역의 사람들, 쌀을 먹다.

구멍 무늬 토기

민무늬 토기, 구멍 무늬 토기를 사용하다. 청동기 시대 시작하다.

서기전 2500년	서기전 2000년	서기전 1000년
	서기전 1600년	서기전 1046년
	은나라 일어서다.	은나라 멸망. 주나라 일어서다.

한국인, 당신은 누구인가

우리 겨레는 몽골 인종에 속합니다. 흔히 살갗의 색깔과 체형, 머리카락의 모양 들을 기준으로 세계의 사람들을 크게 몽골 인종(몽골로이드), 흑인종(니그로이드), 유럽 인종(유러포이드)으로 나눕니다.

몽골 인종은 우선 키가 작아 땅딸막하고 몸매의 굴곡이 별로 없는 체형입니다. 전체적으로 균형 잡힌 체격이지요. 얼굴 모양은 옆으로 넓적하고 광대뼈가 튀어나왔습니다. 눈꺼풀은 쌍꺼풀보다 홑꺼풀이 많고, 눈시울 안쪽에 지방이 많아 두툼합니다. 이것을 몽골 주름(눈꺼풀 코주름)이라고 합니다. 눈 모양은 가늘고 깁니다. 눈동자도 머리털도 한결같이 검은색입니다. 검고 곧은 머리칼이 특징입니다. 수염이나 털은 별로 많지 않습니다. 피부는 대개 누런 빛깔입니다.

몽골 주름

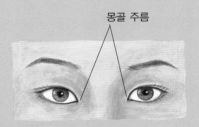

몽골 주름이 있는 눈

몽골 주름이 없는 눈

인종의 체형이나 체격은 환경에 적응한 결과입니다. 그렇다면 이러한 몽골 인종의 외양은 어떤 환경에 적응한 결과일까요?

몽골 인의 맨 처음 고향은 시베리아 평원의 바이칼 호수 부근으로 추정됩니다. 아주 추운 지방이지요. 이 곳에서 사냥을 하고 물고기를 잡으며 생활한 그들이 동상에 걸리지 않으려면 되도록 살갗을 밖으로 드러내지 말아야 했습니다. 몽골 인의 작은 체형은 이러한 추위에 적응한 결과입니다. 눈꺼풀의 지방도 눈을 보호하기 위한 장치입니다.

보통 북방의 몽골 인종이 대략 서기전 2만 5000년 무렵 사방으로 이동하기 시작한 것으로 봅니다. 이 중 한 부류가 바이칼 호수를 떠나 몽골과 만주의 동부를 거쳐 한반도로 흘러 들어왔고, 이들 몽골 인종이 한반도에 신석기 문화를 일으키는 데 큰 구실을 한 것으로 추정합니다. 같은 빗살 무늬 토기라도 동해안 쪽과 서해안 쪽에서 발굴된 것의 형태가 서로 다른데, 아마 그것을 사용한 주민 집단이 외부에서 서로 다른 경로로 우리 땅에 들어왔기 때문이라고 생각합니다.

그런데 현재 각 민족 집단의 모습이 왜 그렇게 다른 걸까요? 그것은 아마도 현생 인류가 각기 다른 환경 속에 들어가 적응하는 과정에서 그 사람의 체질적 특성이 나타나면서 모습이 다르게 된 것으로 보입니다. 피부 색깔이나 눈 색깔은 햇볕의 강도에 따라 차이가 날 것입니다.

빗살 무늬 토기 사람들은 우리 조상인가
지금까지는 위의 내용처럼 우리 겨레의 직계 조상이 신석기 시대에 접어든 뒤 저 북쪽에 있는 시베리아 일대에서 내려와서 한반도에 정착했을 거라고 생각해 왔습니다.

　신석기 시대가 시작된 뒤 한반도에 정착한 이들은 흙을 빚어 빗살 무늬를 새긴 그릇을 사용했기 때문에, '빗살 무늬 토기 사람'이라고도 합니다. 그러나 이 사람들이 과연 시베리아에서 내려왔는지, 그리고 우리 겨레의 직접적인 조상인지 분명히 알 수 있는 증거는 없어, 자료를 좀더 찾고 연구해야 합니다.

　신석기 시대부터 본격적으로 우리 겨레의 기본 틀이 마련된 것은 어느 정도 사실이라고 하겠습니다. 다만 우리가 항상 유념해야 하는 것은 한반도에서 구석기 시대가 1만 년 전에 끝나고 바로 뒤이어 신석기 문화가 이어진 점입니다. 곧 북쪽에서 계속 새로운 주민과 그 문화가 내려왔지만, 구석기 사람들은 달라진 환경에 적응하고 새로운 신석기 사람으로 발전한 것입니다. 자료가 많지 않지만, 서기전 1만 년 이후 한반도에 동아시아 전체의 다른 주민 집단들과 비슷한 석기 제작 기술을 갖춘 집단이 살았던 것은 분명하다고 봅니다. 우리 문화나 겨레의 기원을 뚜렷한 근거 없이 북방 몽골 인종에서만 찾는 것은, 한국인의 기원에 대해 외부의 영향을 지나치게 강조하는 시각이라 하겠습니다.

그 동안 우리 학계에서는 한반도의 구석기 사람들이 서기전 1만 년 무렵에 모습을 감추고, 4000여 년이 지난 다음에 신석기 사람들이 새로이 나타났다고 보았습니다. 그 사이의 유적이 발견되지 않았기 때문입니다. 그러나 제주도 고산리 유적이나 다른 여러 유적에서 서기전 8000년까지 연대가 올라가는 신석기 시대의 질그릇 조각이 나왔습니다.

그래서 최근 학자들은 서기전 1만 년에서 서기전 6000년 정도까지를 옛(고) 신석기 시대라고 규정하여, 우리 땅의 원시 역사가 구석기 시대에서 신석기 시대로 자연스럽게 계승되었음을 강조합니다. 그리고 뚜렷한 증거가 없는 상황에서 구석기 시대에서 신석기 시대 사이에 사람이 바뀌었다고 주장하는 것은 잘못이라 하겠습니다.

크게 보아 한반도에 들어와 살게 된 후기 구석기 시대의 인류도 아프리카에서 흘러온 현생 인류 조상의 일부일 것으로 보입니다. 물론 한반도 안에서도 홍적세. 곧 수십만 년 전으로 올라갈 가능성이 있는 고인류가 살았던 흔적이 나옵니다. 그러나 이러한 고인류들은 아마도 후대에 들어오는 새로운 인류 집단에 의해 대체되었겠지요.

우리 겨레의 본디 형태는 애초에 고정된 게 아니라, 통일된 나라가 등장할 때까지 끊임없이 변하며 형성되어 왔다고 봐야 할 것입니다. 청동기라는 금속기를 사용하고 통일된 나라가 등장하면서 비로소 우리 겨레는 같은 언어를 쓰고, 같은 영토에서, 같이 경제 생활을 했습니다.

구석기 문화의 뒤를 이은 신석기 문화는 과거의 전통과 새롭게 들어온 요인이 혼합하여 새로이 성립했다고 생각하는 것이 이치에 맞는다 하겠습니다.

한민족 단일 계통으로 보는 것은 문제 있어

하나의 민족은 한 번에 이루어지는 것이 아니라 오랜 세월 동안 다양한 유전자가 들어오고 나가면서 형성됩니다. 때문에 하나의 민족은 혈통도 하나라고 보는 것은 문제가 있겠지요.

얼굴을 비롯한 사람 몸의 여러 곳을 재어 본 수치나 항체 같은 유전학적 자료에 따르면, 우리 민족은 몽골 사람이나 티베트 사람, 그리고 일본 사람들과 비교적 가깝다고 합니다. 이러한 결과는 주민들이 서로 이동하고 각 지역 간 문화적 교류가 있었기에 가능했을 것입니다.

최근에는 교통 수단이 발달해 인류 사이의 유전자 교류가 소규모 지역 집단 차원을 넘어서 전 세계로 확대되고 있습니다. 이것은 인류의 미래를 밝게 해 준다고 생각합니다. 활발한 유전자 교류는 인간의 다양한 재능을 키워 주고, 새로운 환경에 훨씬 잘 적응할 수 있는 사람을 탄생시키기 때문입니다. 여러분의 생각은 어떤가요?

암사동 선사 유적지

서울 암사동의 신석기 유적을 직접 찾아가 봅시다. --------------

오늘은 가족과 함께 신석기 사람들을 만나 봅시다. 어디에 가면 만날 수 있을
까요? 바로 서울시 강동구에 있는 암사동입니다.

암사동 선사 유적지에 가려면 서울 지하철 8호선을 타고 암사역에 내립니다. 4번
출구로 나와 곧바로 20분쯤 걸어갑니다. 중간에 찻길을 한 번 건너야 하지요. 그게
힘들면 전철 역에서 마을 버스 강동02, 03, 05번을 타세요.

버스가 편한 친구도 있겠죠. 시내 버스 3411번을 타고 삼성 광나루 아파트(암사동
선사 주거지 입구) 앞에서 내리면 됩니다. 차도에 '암사동 선사 유적지' 방향을 알려
주는 표지판을 따라 잘 찾아가면 되고요.

1925년 서울 근교에 엄청난 비가 내렸습니다. 한강물이 넘쳐 강변에 살던 사람
들은 거센 물살에 집과 살림살이를 떠내려 보내고 큰 슬픔에 잠겼습니다. 그런데
암사동의 강변, 흙이 떠내려간 자리에 6000년 전 사람들의 집자리가 드러났습니
다! 당시는 일제가 우리 땅을 강점한 시대였기 때문에 본격 조사가 이루어지지 않
다가, 1960년대부터 우리 학자들이 여러 차례 발굴 조사에 나섰습니다. 그리고 마

체험 움집 안

침내 암사동 선사 유적지는 신석기 사람의 삶이 묻힌 곳이라 하여 사적 267호로 지정되었지요.

암사동 선사 유적지에 도착하면 마을 입구 문이 보일 겁니다. 그 문을 통과하면 우리는 6000년 전 역사 속으로 들어가게 됩니다. 얼마 전까지만 해도 커다란 고인돌 문이 대문으로 있었습니다. 그런데 《아! 그렇구나 우리 역사》2권에서 고인돌은 청동기 시대 지배자의 무덤이고 청동기 시대의 상징적인 조형물임을 설명해 놓았습니다. 그렇다면 청동기 시대를 대표하는 상징을 가지고 신석기 시대를 대표하는 유적의 정문을 만든 셈입니다. 이 잘못된 점을 저희 책에서 지적했더니 이제는 문이 제대로 만들어진 것 같아요.

야! 숲 속에 움집이 많이 있네요. 이 움집에서 6000년 전 신석기 사람들이 살았대요. 어, 저기 끝에 있는 움집 문 앞에 사람들이 줄을 서 있어요. 우리도 한번 가 볼까요?

제1 전시관

농사 짓는 암사동 사람들

　자, 안으로 들어가 봅시다. 좀 어둡네요. 이 곳은 체험 움집이에요. 신석기 사람들이 집 안에서 어떻게 생활했는지 보여 주는 곳이지요.

　그렇다면 이 움집은 어떻게 지었을까요?

　제1전시관으로 가면 그 해답을 찾을 수 있습니다. 이 곳은 실제 발굴된 움집터 8기와 저장 구덩이 1기를 보존 처리한 뒤 그 위에 전시관을 세웠답니다. 그래서 전시관 한복판에 실제 움집터가 있고요, 벽을 따라 이 곳에서 출토된 유물들과 한강 주변 유적 분포도, 선사 유적의 연대표, 토기 분포도가 전시돼 있답니다. 제1전시관 안에 있는 집터 모양과 출토 유물을 그대로 본떠 체험 움집을 만든 것입니다.

　제1전시관 한켠에는 제2전시관으로 연결되는 통로가 있습니다. 이 통로를 따라 제2전시관으로 가 봅시다. 이 곳은 원시 생활 전시관이랍니다. 신석기 시대의 암사동 마을 전체를 모형으로 복원해 놓았어요. 우리 몸이 작아져서 유리벽 전시실 안의 마을로 들어간다면 신석기 시대의 암사동 사람들이 살아 움직일 것만 같아요.

　암사동 사람들이 마을 근처 밭에서 농사를 짓고 있네요. 바로 옆 한강에서는 물고기를 잡고 있어요. 물가에서 물고기를 구워 먹는 모습을 보니 당시 사람들이 불을 이용할 줄 알았음을 알 수 있습니다.

　우리는 라이터나 성냥을 이용해서 쉽게 불을 피울 수 있지만, 신석기 사람들에게

신석기 시대의 방식대로 불을 피워 보자.　　　신석기 시대의 무덤

는 라이터나 성냥이 없었습니다. 그래서 그들만의 멋진 방법을 만들었습니다. 우리도 신석기 사람의 방식대로 한번 불을 피워 볼까요?

　겨울산에서는 동물을 사냥했네요. 사냥할 때 어떤 도구를 사용했는지 출토 유물을 보면 알 수 있습니다.

　돌아가신 어른의 무덤도 있군요. 시신을 다 덮으려면 돌을 많이 모아야겠어요.

　음식을 만들고 보관하려면 그릇이 필요하지요. 암사동에서는 빗살 무늬를 새긴 토기 조각이 많이 발견되었습니다. 그런데 전시관 들어오는 길에 보면 쓰레기통을 빗살 무늬 토기 모양으로 만들어 놓았어요. 이것은 신석기 시대 암사동 사람들이 빗살 무늬 토기를 사용했음을 알려 주려는 뜻에서 만든 것으로 보입니다. 하지만 여러분 가운데 ‘빗살 무늬 토기는 쓰레기통’이라고 착각하는 사람이 있지 않을까 걱정이 됩니다.

　자, 암사동 사람들의 일상 생활을 둘러보니 어떤가요? 신석기 사람들은 우리 땅에서 참 창조적으로 살아갔던 것을 알 수 있지요.

　그럼 이제 전시관 밖으로 나가 소나무 숲에서 맛있는 도시락을 먹을까요?

■ 매표 시간　09:30~17:30
■ 관람 시간　09:30~18:00
■ 쉬는 날
매주 월요일(공휴일인 경우 다음날)과 1월 1일
■ 관람료
어른(만19~64세) : 500원 / 어린이(만7~18세) : 300원
무료 : 7세 이하 65세 이상·장애인·생활보호대상자·
　　　국가유공자
단체(30명 이상) : 1인당 100원 할인
■ 주차료
경차 : 1000원 / 승용차 : 2000원 / 버스 : 4000원
■ 문화유산 해설 이용 안내
홈페이지 예약 : https://sunsa.gangdong.go.kr
*30명 이상은 ☎ 02)3425-6520로 예약하세요.
■ 선사 체험교육 : 홈페이지 참고하세요.

원시 시대 이야기를 마치며

지금 저는 초롱초롱한 눈을 반짝이며 《아! 그렇구나 우리 역사》를 읽을 딸아이를 생각하며 이 글을 씁니다. 사실 이 책은 오래 전부터 해야 할 숙제마냥 제 마음 안에 자리잡고 있었습니다. 언젠가 《그리스 로마 신화》를 다 읽은 첫째 아이가 그 많은 주인공의 활약상을 들려 주었을 때, 저는 신화 내용을 전혀 기억하지 못하는 자신이 부끄럽기도 했지만 저 아이가 우리 역사에 대해 저렇게 흥미를 가질 수는 없을까 생각해 보았습니다. 그러나 파 내려갈수록 더욱 심오한 우리 역사를 어떻게 하면 아이들에게 쉽고 재미있게 들려 줄 수 있을지 몰라, 선뜻 실천에 옮기지 못하고 늘 생각에만 머물렀습니다.

일전에 책방에 들렀다가 한쪽 자리를 온통 차지한 어린이용 한국사 책들을 보고 놀란 적이 있습니다. 그 동안 미처 몰랐지만 자라나는 어린이와 청소년들이 우리 역사에 많은 관심을 기울이고 있음에 새삼 놀랐습니다. 다만 그 책들 대부분이 만화책이나 위인전이고, 우리 조상들의 삶을 생동감 있게 전해 주는 책이 부족한 점이 무척 아쉬웠습니다.

우리는 흔히 '역사' 하면 영웅들의 활약상을 생각하고, 그들이 활동하는 멋진 모습을 만화나 그림책을 통해 봐 왔습니다. 그리고 텔레비전에서 방영되는 역사 드라마가 진짜 역사인 줄로 오해하곤 합니다. 그러나 역사 드라마나 만화책은 흥미 위주로 내용을 전개하고 사실로 증명되지 않은 것들을 창작해서 보여 주기 때문에 여러분에게 잘못된 역사상을 심어 줄 수도 있다고 생각합니다. 영웅들의 이야기는 여러분의 꿈을 키워 주지만, 역사의 깊은 뜻과 세상을 보는 안목을 길러 주지는 못합니다.

역사는 지나간 사람들의 삶입니다. 때문에 우리는 역사책을 통해 각 시대를 살아갔던 평범한 사람들의 일상 생활을 주목해서 봐야 합니다. 우리가 사는 이 넓은 세상에는 많은 사람이 있습니다. 사람들은 저마다 하는 일은 다르지만 각자 꿈을 가지고 열심히 살아간다는 점은 모두 같지요. 여러분의 꿈은 무엇인가요? 우리가 꿈을 가지고 자기 생활을 누릴 수 있게 된 것은 바로 우리 조상님들 덕택이라고 생각합니다.

아주 오랜 옛날부터 조상님들은 이 땅에 살아오면서 우리의 기후나 환경에 알맞은 생활 문화를 이룩했습니다. 그리하여 여러분이 공부할 수 있는 아름다운 문화 유산과 자연 환경을 남겨 주었지요. 그 과정에는 시련과 고난도 많았을 것입니다. 여러분이 더 나은 세상을 꿈꾼다면, 이러한 조상들의 지혜를 배워 좀더 창조적이고 적극적인 생활을 할 필요가 있습니다. 이 책은 바로 우리 조상들이 창의력을 발휘해 열심히 살아간 이야기를 생생하게 그려 보고자 노력했습니다.

오랜 옛날, 쌀도 없고 전기 밥솥도 없는데 우리 조상들은 무엇을 어떻게 먹고 살 수 있었을까? 옷가게도 없는데 옷은 어떻게 입었을까? 집짐승은 왜 길렀으며, 물고기는 어떻게 잡았을까? 누구나 쉽게 할 수 있는 의문에 답을 하는 형식으로 원시 사회를 정리해 보았습니다.

그 동안 원시 사회라 하면 미개한 생활을 하던 시기로 보는 경우가 많았습니다. 공룡이 살고 호랑이가 담배 피우던 시절, 그리고 글자를 알지도 못했으니 그저 미개인들이 야만스럽게 살았을 것으로만 생각한 것입니다. 그러나 원시 시대 사람들은 더욱 놀라운 천재성을 발휘했습니다. 도대체 짐승 뼈를 깎아 바늘을 만들고, 바늘귀를 뚫을 생각을 어떻게 했을까요? 삼 줄기를 벗기면 섬유질이 있어 실을 만들 수 있다는 사실을 어떻게 알았을까요?

원시 시대 사람들은 여가 시간에 예술품을 만들고, 옷과 집을 예쁘게 꾸며 생활했습니다. 고기를 자를 돌칼을 만들고, 음식을 담기 위해 토기를 발명하기도 했습니다. 그리고 죽어서도 삶이 이어지도록 무덤을 만들고 꾸몄습니다. 다만 원시 시대 사람들은 아직 자연의 위협에 대처할 힘이 부족했기에 서로 힘을 합쳐 공동으로 생활했던 것입니다.

이러한 원시 사회 사람들의 생활을 생생하게 눈으로 보는 것처럼 보여 주는 것이 저의 희망입니다. 생각만큼 쉬운 작업은 아니었지만 원시 시대 사람들도 당시로서는 수준 높은 문화 생활을 누렸음을 보여 주고 싶었습니다. 모쪼록 여러분이 이 책을 읽고 옛 사람들의 협동 정신과 자연의 위협에 대처한 삶의 지혜를 배우기를 기대합니다.

끝으로 개정판을 내면서 뭔가 의미 있는 책을 만든다는 것이 결코 쉬운 일이 아님을 절실히 느꼈습니다. 부족한 대로 내용을 다듬고, 덜어내고 추가하여 힘들게 다시 출간되었지만 많은 독자들에게 유익한 정보가 되었으면 합니다. 저는 더 연구에 몰두해서 다시 개정판을 낼 즈음에는 더 알찬 내용으로 여러분을 만나겠습니다.

이 책이 나오기까지 부족한 부분을 도와 준 많은 선·후배, 동학들과 이렇게 의미 있는 책이 나올 수 있도록 수고해 주신 여유당출판사에 진심으로 감사의 말을 전합니다.

달여울 마을에서   송 호 정

215

사진 제공

30 역포 아이의 머리뼈 —《조선유적유물도감》

31 덕천 사람의 어금니 —《조선유적유물도감》

31 덕천 승리산 유적 —《조선유적유물도감》

33 승리산 사람의 아래턱뼈 —《조선유적유물도감》

33 머리의 크기와 길이를 재는 법 —《한국인의 얼굴》

34 만달 사람의 뼈 —《조선유적유물도감》

35 평양시 승호 구역 화천동 유적의 불 피운 자리 —《조선유적유물도감》

35 평양시 상원 검은모루 동굴에서 나온 동물 뼈 —《조선유적유물도감》

36 주먹도끼 — 서울대학교박물관

38 여러 가지 석기들 —《조선유적유물도감》

38 멀리서 본 굴포리 유적과 굴포리 유적의 막집 자리 —《조선유적유물도감》

39 홍수굴 어귀 — 충북대학교박물관

41 제주도에서 발견된 사람과 말 발자국, 식물 화석 — 문화재청

45 자르개 — 충북대학교박물관

45 짐승의 뼈로 만든 연모 — 충북대학교박물관

47 뗀석기 — 서울대학교박물관,《조선유적유물도감》, 충북대학교박물관

50 넓적큰뿔사슴의 아래턱뼈와 상상으로 그린 넓적큰뿔사슴 —《조선유적유물도감》

52 오스트랄로피테쿠스의 두개골 잇자국 — 송호정

59 슴베찌르개 — 충북대학교박물관

60 가로날도끼 — 서울대학교박물관

60 매머드의 뼈대로 지은 막집 — 이기길

60 동굴곰의 머리뼈와 아래턱뼈 — 충북대학교박물관

61 동굴곰 뼈와 복원한 전체 뼈대 — 충북대학교박물관

62 쌍코뿔이의 아래턱뼈와 상상으로 그린 쌍코뿔이 —《조선유적유물도감》

63 잔석기 — 충북대학교박물관

64 몸돌과 격지 — 충북대학교박물관

65 모여라, 뗀석기! — 서울대학교박물관, 충북대학교박물관

71~73 충북대학교 박물관에서 막집을 복원한 과정 — 충북대학교박물관

89 울주 천전리의 바위 그림과 고령 양전동의 바위 그림 — 송호정,《유물에 새겨진 고대문자》

93 두개골의 크기와 뇌의 용적 — 송호정

103 울퉁불퉁 뗀석기, 매끈매끈 간석기 — 국립김해박물관, 국립중앙박물관, 서울대학교박물관, 충북대학교박물관

109 암사동에서 발견된 도토리 화석 — 국립중앙박물관

112 모여라, 간석기! — 국립광주박물관, 국립제주박물관, 국립중앙박물관, 서울대학교박물관,《조선유적유물도감》, 충북대학교박물관

116 결합식 낚싯바늘 — 서울대학교박물관

119 탄화 조 —《조선유적유물도감》

120 채문토기 —《중국국보전(中國國寶展)》

124~125 뒤지개 · 빨괭이 · 돌보습 —《조선유적유물도감》

131 돌화살촉과 복원품 — 국립제주박물관

133~135 고산리 유적지와 토기 — 국립제주박물관

138 암사동의 집자리 유적 — 서울대학교박물관

140 암사동에 복원되어 있는 움집 — 서울대학교박물관

141 불땐자리 곁에 있어 밑동이 그을은 질그릇 — 서울대학교박물관

147 부산 동삼동 조개무지 — 부산박물관

150 연대도 조개무지 속에서 발견된 무덤 — 국립진주박물관

152 시베리아 아파나시에보 지방의 빗살 무늬 토기 — 이헌종(목포대)

152 우리 빗살 무늬 토기 — 서울대학교박물관

152 일본의 빗살 무늬 토기 — 일본 요코하마 시 역사박물관

154 무늬 없는 질그릇 —《조선유적유물도감》

155 충북 옥천군 대천리에서 발견된 신석기 시대의 알곡 — 한창균(한남대)

156 빗살 무늬 토기 — 서울대학교박물관

159 지역별 빗살 무늬 토기 — 강릉대학교박물관, 국립중앙박물관,《조선유적유물도감》

174 조개무지 유적의 치레거리 — 국립중앙박물관, 부산박물관

177 굽은 옥 — 충북대학교박물관

180 가락바퀴들 — 국립제주박물관

181 뼈바늘과 뼈바늘통 —《조선유적유물도감》

186 흑요석 — 국립김해박물관

187 조몬 토기 조각 — 부산박물관

188 오산리의 덧무늬 토기 — 서울대학교박물관

192 신석기 시대의 무덤 유적 — 국립경주박물관

194 독무덤이 출토될 당시의 모습과 복원된 독널 — 부산박물관, 동아대학교박물관

196 흙으로 만든 멧돼지 — 국립중앙박물관

197 흙으로 만든 개머리 조각품과 여성상 —《조선유적

197 조개 껍데기로 만든 인물상 — 부산박물관
197 흙 인물상 — 서울대학교박물관
202 새김 무늬 토기, 덧무늬 토기 — 국립제주박물관
203 번개 무늬 토기 —《조선유적유물도감》
200~203 암사동 선사 유적지 — 최인수

★ 여유당출판사에서는 이번 개정판을 내면서 이 책에 실린 사진에 대해 저작권자의 허락을 다시 받기 위해 최선을 다했습니다. 혹시 내용이 빠졌거나 잘못 기록된 부분이 있으면 연락주시기 바랍니다.

참고 문헌

사전
두산동아백과사전연구소,《두산세계백과사전》, 두산동
　아, 1996
한국민속사전편찬위원회,《한국민속대사전》, 한국사전연
　구사, 1997
한국민족문화대백과 편찬부,《한국민족문화대백과사전》,
　한국정신문화연구원, 1991
한국고고학사전편찬위원회,《한국고고학사전》, 국립문화
　재연구소, 2002

도감
《경주박물관이야기》, 국립경주박물관, 2000
《겨레와 함께 한 쌀》, 국립중앙박물관, 2000
《고고학이 찾은 선사와 가야》, 국립김해박물관, 2000
《국립김해박물관》, 1998
《국립민속박물관》, 1997
《국립중앙박물관》, 2000
《반구대 : 울주암벽조각》, 황수영·문명대, 동국대학교출
　판부, 1984
《동삼동 패총전시관 전시도록》, 부산박물관, 2002
《발굴유적유물도록》, 강릉대학교박물관, 2000
《발굴유물도록》, 서울대학교박물관, 1997
《선사의 고대와 문화》, 부산대학교박물관, 1996
《선사유적 발굴도록》, 충북대학교박물관, 1998
《선·원시인의 도구와 기술》, 국립광주박물관, 1994
《알타이 문명전》, 국립중앙박물관, 1995
《어구전》, 부산광역시립박물관, 1999
《우리민속도감》, 예림당, 1999
《우리문화재도감》, 예림당, 1999
《유물에 새겨진 고대문자》, 부산광역시립박물관 복천분
　관, 1997
《제주의 역사와 문화》, 국립제주박물관, 2001
《조선유적유물도감》1, 동광출판사, 1990
《중국국보전(中國國寶展)》, 朝日新聞社, 2000
《특별전 : 한국의 선·원사토기》, 국립중앙박물관, 1993
《한국인의 얼굴》, 국립민속박물관, 1994
《한국의 구석기》, 연세대학교출판부, 2001

통사·분야사
고교《역사부도》
고교《지리부도》
중·고교《국사》교과서
중학교《사회과부도》
초등학교《사회》6-1 교과서

강인희,《한국식생활사》, 삼영사, 1978
국사편찬위원회,《한국사》2-구석기시대와 신석기시대,
　1997
김용남·김용간,《우리나라 원시 집자리에 관한 연구》,
　사회과학출판사, 1975
김원룡 감수,《한국미술문화의 이해》, 도서출판 예경,
　1994
김원룡·안휘준,《신판 한국미술사》, 서울대학교출판부,
　1993
김원룡,《한국고고학개설》, 일지사, 1973
김은하,《한눈에 보는 우리민속 오천년》, 웅진출판, 1999
김정신·유희경·이성우·임동권,《웅진애니메이션 한국
　의 역사》, 웅진출판
리화선,《조선건축사》, 과학백과출판사, 1999
사회과학원 력사연구소,《조선전사》1, 과학·백과출판
　사, 1979
역사문제연구소,《사진과 그림으로 보는 한국의 역사》1,
　웅진출판, 1993
역사신문 편찬위원회,《역사신문》1, 사계절, 1995
역사학연구소,《우리 역사를 찾아서》1, 심지출판, 1994
오사카시학예원,《한일 초기농경 비교연구》, 한일합동심
　포지움 및 현지 검토회, 2002
이경자,《한국복식사론》, 일지사, 1983
이기백,《우리역사의 여러 모습》, 일조각, 1996

이선복, 《고고학개론》, 이론과 실천, 1992

이선복, 《고고학이야기》, 가서원, 1996

이선복, 《동북아시아 구석기연구》, 서울대학교출판부, 1989

이선복 외, 《한국 민족의 기원과 형성》, 소화, 1996

이야기 한국사 편찬회, 《이야기 한국사》 1, 풀빛, 1985

이융조·우종윤·길경택·하문식·윤용현, 《우리의 선사문화》 1, 지식산업사, 1994

이이화, 《우리민족은 어떻게 형성되었나》, 한길사, 1998

이형구, 《한국고대문화의 기원》, 까치, 1991

임동권, 《한국의 암각화》, 대원사

임효재, 《한국고대문화의 흐름》, 집문당, 1992

전국역사교사모임, 《미술로 보는 우리 역사》, 푸른나무, 1992

전국역사교사모임, 《살아있는 한국사 교과서》 1, 휴머니스트, 2002

조선기술발전사편찬위원회, 《조선기술발전사》 1, 과학백과사전종합출판사, 1996

조유전, 《발굴이야기》, 대원사, 1996

최몽룡·조유전·배기동·신숙정·이성주, 《한국선사고고학사》, 까치, 1992

한국생활사박물관 편찬위원회, 《한국생활사박물관》 01 선사생활관, 사계절, 1997

한영우, 《다시찾는 우리역사》, 경세원, 1997

논문·보고서

과학백과사전출판사, 《평양부근동굴유적발굴보고》, 평양, 1985

김정학, 〈한국민족형성사〉《한국문화사대계》 I, 1964

김정배, 《한국 민족문화의 기원》, 고려대학교출판부, 1973

길경택, 〈한국선사시대의 농경과 농구의 발달에 관한 연구〉《고문화》 27, 한국대학박물관협회, 1985

노태돈 외, 〈한국민족형성사〉《한국고대사논총》 1, 한국고대사회연구소 편, 1991

서국태, 《조선의 신석기시대》, 과학백과사전출판사, 1986

이융조 외, 《수양개와 그 이웃들》, 충북대학교박물관, 1997

안재호, 〈한국 농경사회의 성립〉《한국고고학보》 43,

한국고고학회, 2000

안승모, 《동아시아 선사시대의 농경과 생업》, 학연문화사, 1998

장우진, 《조선사람의 기원》, 사회과학출판사, 1989

한영희, 〈신석기 시대의 사회와 문화〉《한국사》 1, 한길사, 1994

한영희, 〈한민족의 기원〉《한국 민족의 기원과 형성》 (상), 소화, 1996

한창균·신숙정·장호수, 《북한 선사 문화 연구》, 백산자료원, 1995

한창균, 〈구석기 시대의 사회와 문화〉《한국사》 1, 한길사, 1994